法の世界からみた「会計監査」

弁護士と会計士の
わかりあえないミゾを考える

弁護士・公認不正検査士（CFE）
山口利昭

同文舘出版

はしがき

本書は、公認会計士の方々と仕事をご一緒するなかで、弁護士のスキルと公認会計士のスキルのシナジー（相乗）効果を模索しながら執筆したものです。

弁護士といえば裁判所における弁論を中心とした仕事、公認会計士といえば上場会社における監査を中心とした仕事というイメージがあります。ただ、弁護士のなかにも企業法務を中心として仕事をする方々も多いので、公認会計士・監査法人の業務上の接点も多いように思われがちです。しかし真剣に考えてみると、あまり接点というものが思い当たりません。私は企業の不正調査を主たる業務にしておりますが、公認会計士の方々と一緒に調査チームを構成することもありますので、不正調査という業務において接点がやっとみえてきた、というところでしょうか。ただ、この不正調査という仕事も、双方の専門スキルが要求される業務だからこそ、必要に迫られての協働作業ということになります。つまり１＋１＝２の世界のお仕事です。

もう少し創造的な協働作業、たとえば法律家のスキルを向上させるために会計士と協働する、逆に会計士の能力のレベルアップのために法律家のスキルを応用する、といった取組みは、これまであまり聞いたことがありません。世の中ではＩＴ革命やグローバル化の流れが進み、企業における事業戦略の面でも、またリスク管理の面でも、ものすごいスピードで変わっているにもかかわらず、弁護士の世界も公認会計士の世界も時代の流れほどに変わっているようには思えませ

i

ん。双方の仕事の中身がそれほど変わらないなかで、資格者の人数だけが急増しています。

会計や法律の知見を「所与の専門領域」だけで活用するのはわが国の成長戦略からすると非常にもったいないと思います。会計の世界で学ぶ「数字による経営管理」、法律の世界で学ぶ「理屈や倫理、説明責任」は、ビジネスの世界で広く応用できるにもかかわらず、一般的には「弁護士さんは困ったときに相談できたらよい」「会計士さんには、期限どおりに適正意見を出してもらえばよい」といったイメージに捉えられています。このようなイメージで、企業社会から捉えられていることについては、弁護士や公認会計士側にも、これまで専門領域に閉じこもってきたことに責任の一端があると思います。

弁護士と公認会計士が相互理解を深めるなかで、どうすればスキルアップを図ることができるのか、また1＋1＝3になるようなシナジー効果を発揮するためにはどうすればよいか、そのような問題意識から、本書を執筆しようとしました。しかし、法と会計の世界には、なかなかわかりあえないミゾのようなものがあると考えるに至りました。そこで、その「ミゾ」はどこからくるのか、その思考の過程と解決策（らしきもの）を一冊にまとめてみたのが本書です。

本書が世に出る頃には、不正リスク対応監査基準や会社法制の見直しに関する要綱、民法改正中間試案など、上場会社の監査・開示・会計にも多大な影響を及ぼすであろう制度改革が議論されていると思います。こういった社会インフラのあり方が議論されるなかで、企業の成長に向けて専門職のスキルを最大限に活かしていけるだけの環境整備も必要です。

本書は会計や法律の専門職の方々だけでなく、組織内専門職および企業の経理、法務、総務に携わる実務家、そして（ガバナンス改革が進むなかにおける）経営者の方々にもお読みいただけるよう平易な言葉を使って執筆いたしました。事業を前向きに進めていくうえで、専門職の素養を経営にどのように活かすことができるのか、考えるヒントにしていただければ幸いです。まだまだ問題提起の域を超えないものでありますので、本書をお読みいただき、多くの皆さまからご意見・ご批判を頂戴したいと存じます。

なお、私自身は公認会計士の資格を有するものでもなく、ましてや会計監査の実務経験もありません。本書執筆にあたって、会計監査の現場に関するさまざまな実務や会計監査人としての考え方について、中堅監査法人で毎日監査実務に従事しておられる張本和志会計士に有益なご意見を頂戴いたしました。張本会計士には、あらためて御礼申し上げるとともに、ここに掲載されている内容に関するすべての責任は筆者にあることを念のため申し添えさせていただきます。

最後になりますが、私の拙いアイデアを一冊の本にまとめることをご提案いただき、会計監査業界の最新事情について逐次提供いただいた同文舘出版㈱専門書編集部の青柳裕之氏に、この場を借りて厚く御礼申し上げます。

平成二五年二月

弁護士　山口利昭

1章 公認会計士を「憧れの職業NO.1!」にするために

2章 弁護士・会計士の「守秘義務」は七難かくす?

3章 他人《ひと》のせいにする弁護士と会計士

9章 なぜ企業は粉飾に手を染めるのか？

10章 「訂正」と「非開示」のコンプライアンス

11章 日本人は原則主義がお嫌い？

法の世界からみた「会計監査」

―弁護士と会計士のわかりあえないミゾを考える―

1章

「憧れの職業NO.1!」に公認会計士をするために

1 外から見た会計士のお仕事

私が企業コンプライアンスに関連する仕事を始めるようになってから、公認会計士（以下「会計士」といいます）の方々とお仕事や研修等でご一緒させていただく機会が増えました。本の共同執筆の合宿などにも参加して、法律家と会計士との意識の差というものを「おもしろい」と感じるようになったのも、ここ六、七年のことです。

私は会計士の資格をもっているわけではありません。最近は弁護士と公認会計士の資格を両方ともお持ちの方も結構増えていますが、たとえ両方の資格をもっていたとしても、裁判実務や監査実務を実際に経験しなければ、会計と法律にまたがる問題について学術的に考察することは難しいと思います。といいますのも、不正調査における会計士の方の仕事ぶりを間近に見ておりますと、彼らは財務三表の数字の連動や過去からの変動を分析して仮説を立てるわけです。その仮説というのは、実際に監査を担当し、ビジネスリスクにも精通していなければ出てこないわけでして、数字の背後にある「不自然さ」に気づくためには、会計監査の実務経験がなければなかなか難しいものと思います。つまり、本来会計士の仕事をきちんと外から批判するとか、分析する、といったことは会計監査の実務経験を相当積んだうえでなければ有益なものにはならないと思います。

なので、あまり偉そうな分析ができる立場でもないのですが、そもそも今まで法律家と会計士との交流といったものはあまり見聞したことがなかったので、私の素人的な発想であれ、外からみた会計監査人の姿を思い描くことは、今後の「たたかれ台」くらいの意味はあるかもしれません。現に、拙ブログ「ビジネス法務の部屋」におきまして、内部統制やIFRS（国際財務報告基準）、不正会計事件をはじめ、会計監査に関わる話題を取り上げますと、たくさんの会計プロフェッションの方からご意見（しかも相当に厳しい）をいただきます。おそらく「おいおい、それは違うんじゃないの？」と、脊髄反射的にモノを言いたくなる方が多いわけで、業界の外から見た会計士の姿に対しては、いろいろと反応したくなるところがあるものと思います。

最近の企業不祥事は、とりわけ会計不正事件に分類されるものが多いために、どうしても会計監査を担当していた監査法人、公認会計士の仕事に対する疑問が浮かび上がります。いわゆる「**期待ギャップ**」といわれる問題です。この「期待ギャップ」問題を、私のような業界外の人間が真摯に取り上げることによって、会計士のお仕事を間近でどう見ているのか、そこにどれだけのギャップがあるのか、業界外の皆様に理解していただく材料になれば幸いです。

2 今なお根強い「期待ギャップ」論

この「期待ギャップ」という言葉は、私が知るかぎりでは、粉飾決算が世間を賑わし、これを早期に発見できなかった会計士の法的責任が追及されるようになってから、世間で使われ始めた

【期待ギャップ】
世間から公認会計士、監査法人に期待されている役割と、本来的に公認会計士制度が求めている公認会計士の役割との間にはギャップがあること。

のではないかと思います。「会計監査人が適正と意見を出していたではないか。にもかかわらず粉飾が長年放置されていた、というのはいかがなものか。会社から報酬をもらっている会計士は会社に甘い監査を行っていたのではないか。そうでないとしても、いい加減な監査をしていたから不正を発見できなかったのではないか。」といった投資家や株主、会社債権者等の不満が、そのまま会計監査人の法的責任追及の動機となりました。実際に平成一〇年頃から、粉飾会社の監査を担当した会計士（監査法人）に対する訴訟が増え始め、地裁レベルではありますが会計士の過失（任務懈怠）が裁判所で認定される事案も出てきました。

裁判のなかでは、粉飾を見逃してしまったことに対する結果責任が問われるわけではありません（きちんと仕事をして粉飾が見抜けない場合もあります）。監査基準に則って、会計監査人としての一般的な注意義務を尽くして監査がなされたかどうかが争われることになります。結局のところ、決算が適正に作成されているかどうかについて意見を表明するのが会計監査の仕事であって、不正発見は本来の目的ではない、という会計監査制度の本来の意義が裁判上でも確認されることになります。したがって、監査を担当した会計士が「プロとしての注意義務を怠っていた」として裁判で負ける事案というのは、数えるほどしかありません。こういった裁判を通して、一般世間の方々は、会計士に企業の粉飾を暴く正義の味方を期待しているのに、実際はそういった粉飾を暴くこと自体が監査の本業ではない、ということが浮き彫りになります。このように「期待ギャップ」の存在はこれまでの裁判のなかでも確認されてきました。

しかしながら、未だに「期待ギャップ」はなくなりません。数年前のＮＨＫのドラマ「監査法人」では、上場企業の粉飾を暴き、これを糾弾する若き公認会計士の姿が話題になりました。しかし、あのドラマをご覧になった会計士の方々はかなり違和感を覚えたようです。現実の会計監査の姿とはかけ離れているのではないか、あのような姿がドラマになると、ますます「期待ギャップ」が広がってしまう、といった意見をよく耳にしました。世間の期待する会計士の姿はドラマに出てくる会計士であり、会計士制度にある会計士の本来の姿というものはなかなか理解できないものと思われます。

またリアルな監査法人も、ＢｔｏＢの世界とは異なり、ＢｔｏＣの世界にはあまりなじむことがないのかもしれませんが、世間に「本来の公認会計士のお仕事」が広報されることもほとんどありません。会計不正事件が生じるたびに、「会計監査人は何をしていたのか」とマスコミや有識者から批判を受けても、これに真正面から対応することはなく、ただひたすら沈黙を保っておられるような印象を受けます。弁護士も偉そうなことをいえる立場ではありませんが、いわば「村社会」的なものを会計士業界には感じるところがあります。

3 もはや「期待ギャップ」では済まされないのでは？

ただ世間における企業のリスク管理の意識は変わりつつあります。コンプライアンスといえば、以前は「裁判で負けること」を回避するためのリーガルリスクを検討するのが主流でした。法務部は負けないための契約書作り、役員は負けないための経営判断に関心が高いものでした。しかし現在は「この企業行動は、社会からどう映るのか」「この情報開示は株主からどう受け止められるのか」「この事故処理は行政当局からどのような反応があるのか」といった、いわばステークホルダーによる企業評価に対するリスクを検討することも重大な関心事になりました（その理由は「事後規制社会に組み込まれる会計士・弁護士」をご参照ください）。多くの企業で法務部からコンプライアンス部門が別部署に移動したり、経営企画に近いところで「横串的に」コンプライアンスが検討されるようになったのも、こういったリスクへの関心が高まったからだと思います。

つまり、「期待ギャップ」として静観できたのは、監査法人が裁判で負けないためにはどうするか、といった関心が高い時代であれば生きてくるのですが、会計士（監査法人）への世間の評価がリスクになる時代が到来するならば、そのように言い切って問題が解決するわけでもないように感じています。

山一證券の監査を長年務めておられた伊藤醇さんは、約一〇年間合計**五件の損害賠償請求訴訟**の被告として管財人弁護士や株主原告団を相手に闘い続けました。一件は和解によって終結しましたが、残る四件はすべて被告側勝訴でした。つまり会計監査人に過失がなかったことは、司法の場でもほぼ完全に証明されたわけです。しかし適切な監査を行ったとしても過酷な裁判闘争に巻き込まれ、多額の出費を余儀なくされ、さらにマスコミからは「会計監査人のずさんな監査」として、センセーショナルな報道の渦中に置かれました。

［山一證券］
旧４大証券（野村證券、日興證券、山一證券、大和証券）の１つ。1897年に創業。1997年の経営破たんに伴い自主廃業を発表して事実上の営業活動を終了した。旧４大証券会社のなかでは一番小さかった。

［五件の損害賠償請求訴訟］
山一證券の破たんによって被害を受けた株主らや破たん後に選任された管財人が、山一の粉飾を見逃したことについて、監査人の法的責任を追及した訴訟。

つまり、会計士の方々は裁判で負けること以前に、裁判に巻き込まれることでリーガルリスクを背負うことになります。伊藤さんも述懐されていますが、一〇年後の裁判で過失がなかったことが裁判で明らかになっても、これを報じるマスコミはほとんどなく、名誉の回復には至らないようです。

また、会計士の方々は「沈黙こそ金」であるかのように、ご自身の監査業務の内容を話すこともありません。これは会計監査人についても、会計士の守秘義務に由来するところが大きいでしょう。また監査対象の企業行動を見つめる会計監査人にとっても、いくら職業的懐疑心を抱けといっても、実際には粉飾などとは無縁なまじめな企業がほとんどです。企業が沈黙しているからといって、すぐに粉飾が疑われるわけではありません。「黙っていることは、何かやましいことがあるからではないか」といったイメージは持ち合わせていないはずです。

しかし弁護士の世界では「沈黙は黒」です。こちらからの主張に対して黙っている相手方は「言うべき利益がないから黙っている」と評価されます（これは裁判所の裁判官も同じ心証を抱きます）。反論はきちんとしなければクロだと評価されます。昨今の企業コンプライアンスの発想からすれば、マスコミや株主から「会計監査人はおかしいのでは」と騒がれれば、これにきちんと反論しなければ、おかしいことを認めているものと受け取られます。そうなると、たとえ裁判に勝訴するものであっても、訴えを提起される可能性は高まります。このあたりの会計士の感覚と世間の感覚のズレこそ、会計士の方々に理解いただかねばならないものと思います。社会の批判が高まることが、会計監査人への訴訟提起の引き金になります。

もはや時代の流れのなかで、「期待ギャップ」という言葉だけで会計士のリスクを語ることはできなくなったのです。

4 リスクをとる会計士

二〇一一年六月に、会計士の方が書かれた、とてもおもしろい本を読みました。小笠原直『監査法人の原点─監査業界への提言』（幻冬舎、二〇一一年）という新書でして、法定監査を主たる業務とされている監査法人の方が執筆されたものです。本書は、公認会計士は常に高い専門性に裏打ちされた「自由職業人」であり続けなければならない、組織の論理に惑わされてはならないとしたうえで、自分たちの組織はいったいどのようなスタンスで監査というものを行っていくのか、自分たちの存在価値をしっかりと見極めて、それを世に問うていくべきと主張しています。また現在の公認会計士が、プレイヤーたる企業の意思決定以上に硬直化した保守的な意思決定の権化になりつつあることが、最も憂える事態だと述べておられます。

デフレ経済のなかで、**監査報酬**は頭打ち、もしくは漸減化しているのも事実です。ただでさえアメリカなどとの比較においても日本の監査報酬は低額であるにもかかわらず、それが頭打ちとなっているわけです。したがって会計士が自由職業人としての地位を確保して、その専門性をもって勝負するというよりも、監査法人としての経営の効率化に配慮して、サービス労働者として

【監査報酬】
会計監査を行う監査法人への報酬をいう。監査を受ける立場の企業が報酬を支払うことになる。

活動するほうが現実的なのかもしれません。

しかし会計士の監査結果を利用する人たちにとって「ごく一部の監査法人を除き、まともな監査法人は、どこに監査を依頼しても一緒」というイメージを抱かれ続けてよいのでしょうか。大手は大手なりに長所を伸ばし、中小は中小なりに持ち味を出して、そのスキルを監査業務として提供するための競争がなければ、若い人たちに「俺も会計士になろう」といった夢を抱かせることはできないのではないかと思うのですが、いかがなものでしょうか。

こういったことを申し上げますと、そもそも監査意見というのは、たとえば投資判断を行う場面、M&Aにおける**デューデリジェンス**（企業価値調査）を行う場面における大前提（適正意見が出されているという前提）としての意味が大切なのであり、それ以上に特徴はいらないし、むしろ弊害もある、だから「どこに依頼しても最低限度の仕事をしてくれれば一緒でかまわない」というご意見もときどき拝聴するところです。しかしこれだけ経営者の将来予測や見積りが会計処理に影響を及ぼすものとなり、また原則主義の会計基準が採用される時代になりつつあるなかで、会社の実態を利害関係者に示す方法というものは一義的ではないと思います。また**組織的な監査**（品質管理が重視される監査）が主流となるなかで、当該会社のリスクをどのように評価するか、ということについても、各監査法人や会計士の間で一義的に判断できる、というものでもありません。そうであれば、やはり会計士がリスクをとる覚悟をもって、自分たちの監査のスタ

【デューデリジェンス】
企業を売買取引の対象とする場合に、その取引価格を算定する目的で、税務、財務、法務的側面等から当該企業の資産査定を行うこと。

【組織的な監査】
監査対象となる会社や団体の規模や複雑性に応じて監査チームが結成され、チームとして監査業務が遂行される。チームで形成された意見は、その監査業務に携わっていない他の公認会計士がチェックする「審査」を受ける。こうして公認会計士は、指揮命令の系統と職務権限の分離を明確にした組織的な監査を行うことになる。

ンスを世に示す必要があるのではないでしょうか。

日本公認会計士協会は、会社法の改正の議論のなかで、監査役による**会計監査人選任権**、**監査報酬決定権**を認めるよう要望しています（なお、会社法改正要綱では、監査役による会計監査人の選任議案の上程が新たに認められ、監査報酬の決定権については見送られました）。もちろん**監査人の独立性**を確保するための悲願であることはよく承知しているところです。しかし監査役が真摯な気持ちで会計監査人を選任するためには、能力や報酬の面において、他の監査法人との比較ができることが大前提なはずです。監査報酬にしても、他の監査法人であればどのような監査をしてくれて、それにどれだけの対価が要求されるのか、どのようなスタンスで監査に臨むのか、それなりに情報を入手できなければ監査役の会計監査人決定権など「絵に描いた餅」です。**インセンティブのねじれ**を防止して、監査人の独立性を確保するのであれば、各監査法人の存在価値がどこにあるのか、その存在価値を社会に示すべきであり、企業に問題行為が認められるような場合であれば、リーガルリスクに巻き込まれることをおそれずに断固たる立場を貫いていただきたいと思います。これは常に会社と対立せよ、という意味ではなく、場合によっては世間の批判にさらされても会社の意見に同調することも含んだものです。

【会計監査人選任権】
会社法上の会計監査人（計算書類が適正に作成されたかどうかを監査し意見を述べる立場）を選任する権限。監査役は現在の会社法では選任に関する同意権をもつだけである。

【監査報酬決定】
会計監査人の報酬額を決定する権限。通常は取締役会で報酬額が決定され、監査役は会社法上は報酬に関する同意権をもつだけである。

【監査人の独立性】
会計監査人は監査対象企業から報酬を受けているため、監査が甘くなることが懸念される。そこで、監査基準は「独立性」を求めて、会計の専門家として会計士処理の適否についての判断の公正性を維持している。

【インセンティブのねじれ】
監査される側に選任されて報酬をもらうのでは会計監査人は適正に監査しないのでないかとの疑念がもたれる状況を一般的に「インセンティブのねじれ」と表現される。

5 オリンパス事件の粉飾と監査の限界—会計士の意見

私個人の意見ばかり述べても読者の皆様にはおもしろくないかもしれませんし、また「期待ギャップ」を実務家の方々がどう考えているのか、を知ることはとても勉強になると思いますので、「期待ギャップ」に関する典型的なテーマについてご紹介したいと思います。なお、すでに述べておりますとおり、期待ギャップ論は、これまで会計士の法的責任論との関係で話題になることが多いので、少し法的な判断も含まれていることをご承知おきください。

以下は、日本経済新聞の二〇一二年四月二五日朝刊に掲載されていた監査法人アンケート調査集計結果に関するお話です。大王製紙事件やオリンパス事件にみられる会計不正事件を、あなた（会計士）は見破れたか？という、とてもシンプルなテーマに関するものです。

このアンケート調査の結果を、私は拙ブログ「ビジネス法務の部屋」でご紹介したのですが、これに対して忌憚のない会計監査の実務家の方々の心境がコメントとして綴られています。決して会計士を批判するわけではなく、これが「期待ギャップ」の本意なのだと理解した次第です。できればこういった会計士さん方の積極的なご意見が、私のブログのような狭い部屋ではなく、もっと広い場所で光があたることを切に希望します。

まずは（少々長いですが）私のブログを（一部加筆・訂正したうえで）ご紹介いたします。

2012年4月26日(木)

全国監査法人アンケートの結果を法律的に考えてみる

オリンパス粉飾決算事件、大王製紙子会社資金流用事件を監査法人が見抜けたかどうか、というシンプルな質問に対して、見抜くのが難しいと回答された方はO社については24%、D社については5%の方が「見抜くのは難しい」と回答。一般に公正妥当な監査の基準に準拠した監査をもってしても見抜けない・・・というのは、つまり監査の限界を超えた粉飾（もしくは不正）だったということですから、たとえ担当監査法人にミスがあったとしても、損害との間に因果関係（監査法人がミスしたので会社に損害が発生した、という関係）が認められないということになります。・・・(中略)・・・

次に「見抜いても対応が難しい」と解答された方が、O社37%、D社30%。回答の読み方に若干疑問があるかもしれませんが、これは見抜くことはできるが、たとえ見抜いたとしても監査法人としては言い出せないだろう、ということでしょうね。この回答だと、ミスがあった場合には損害との因果関係は推定されることになりそうです。ただ、対応が難しいということですから、たとえば金商法193条の3をもって対応することに逡巡する、ということになろうかと思います。疑念を抱いたにも関わらず、行動しなかったということになりますと、これはこれで、新たな法的リスクを生むことになりそうです。

最後に「発見、対応できる」と回答された方が、O社17%、D社44%とのこと。一般的な職業専門家としての注意義務をもってすれば発見、対応できた、ということですから、この比率が高いということは、まさに法的責任の根拠となります「注意義務違反」「過失」があったと推定されることになるのでしょうか。とくにD社については44%の会計士の方々が「不正を発見できたであろうし、また対応できた」と考えている、というのは重い結果かと（そういえば数日前に、D社を担当しておられる監査法人さんでは、地方の監査体制強化に向けた対応をされる、との報道がありましたね）。しかし不正の発見が会計監査人の主たる目的ではないとしても、これほど周知された事件への感想として、会計士の方々でばらつきがみられるのは意外でありました。

このエントリーに対して、おそらく現役の現場担当の会計士と思われる方々から、私のブログにいくつかのコメントをいただきました。編集してご紹介いたします。

（Kさんのコメント）

●ざっくり申し上げますと、会計監査手続というのは「全体として見れば、たぶん大丈夫」という監査証拠を積み上げる作業であって、積極的に「アヤシイもの」を探す作業はあまりしません。アンケート回答で「見抜くのが難しい」と「見抜いても対応が難しい」との違いは、「シロであると思ってしまう」と「グレーなことには気づくが、クロである証拠まで辿りつくことは困難。そこに時間かけれるほど潤沢な予算はなく、結果としてうやむやになってしまうんじゃないか」という違いと解釈した方が実態に近いかと思われます。金商法193条の3等々の有事対応をとるには、よほどの「クロ」と断定するに足るものを発見しないと難しいと思うので。

●ひょっとしたら、法律の専門家の方から見れば、上記「うやむやになってしまう」は信じ難いとかもしれません。しかし監査論の教科書には「懐疑心の保持」云々書いてあったところで、会計士は習性として「シロ」を前提に置く傾向は否めませんし、また、日本中の被監査会社の大部分は本当に「シロ」の会社ですし、究極をいえば、「シロ」を前提にしなければ会計監査制度は成り立たないという面は否めません（それを前提にできない会社はそもそも監査契約を結んではいけないかと）。

●O社事例よりD社事例の方が厳しめな回答結果になっているというのは、個人的には非常に納得です。

●アンケートに対応したのはおそらく、各監査法人の広報部等と予想され、現場感覚をお忘れになった方も多く含まれているか、または優等生的ご回答をしている方も多く含まれているような気もいたしますが、「難しい」の回答が6割というのは、私の勝手な感覚とも近いです。

●「シロ」か「グレー」か（もうちょっと上品な言い方をしますと、「異常点」の有無）を最初に発見するのは、有事対応をされるsigner（現場における監査責任者、監査報告書に署名する立場にある方）等の監査法人管理職ではなく、日々監査現場で紙をめくり・データを加工し・会社の方（役員レベルではなく、部長～現場担当者レベルの方）と直で接している者（監査法人の被管理者）です。その異常点をどこまで突き詰められるかは、実は、現場作業員の力量やら根性やらに大きく依存しているのが実態と思われます。そこを気づかない／気づいてもスルーするなんてことがあれば、後は両事例のように、行くところまで行ってしまわないとsigner等が気づくことは困難と思われます。もちろん、signer等も、監査チーム編成の決定や人材育成というところで間接的にミスを犯していることには間違いありませんが（どんな職場でも同様かとは思います）。

こういったコメントをいただくことは、とてもブログ管理者としてはありがたいことです。なるほど、「見抜いても口に出せない」ということではなく、「グレーなことには気づくけど、クロである証拠まで辿りつくことは困難。そこに時間をかけることができるほど潤沢な予算はない」との意味なのですね（なるほど・・・納得）。おそらくこのアンケートに回答した会計士の人たちは、Kさんと同じ意味で回答されたように思えてきました。

ただ、ご趣旨はよくわかるのですが、「グレーなことには気づくけどクロである証拠まで辿りつくことは困難」だと認識したのであれば、なぜ会社（とくに監査役）にそのことを伝えないのでしょうか？　本書でも別途触れておりますが、これだけ監査役と会計監査人の連携が叫ばれているにもかかわらず、なにゆえ監査役に伝えて、クロかどうかを確認してもらう作業をバトンタッチしないのか、私にはそこが理解不明です。とくに監査報酬の関係でそこまでできない、というのであれば、なおさら監査役に違法監査の職責を果たすように促すべきではないでしょうか。むしろ、裁判で争われたら会計監査人にも監査役と同様に、法的に問題があると認定される可能性があるのではないかと思います。

監査論の教科書に職業的懐疑心をもって監査せよ、と書いてあるが、実際にはほとんどの会社がシロなので、シロを前提にしないと会計監査制度が成り立たない、というのも（気持ちの問題としては）納得するところです。期待ギャップのまさに典型は、グレーをクロかどうか見極めることは会計監査の第一次的目的とはされていないわけで、この意見はそのとおりです。法の要求していないこと、やろうと思ってもできないことまでやれ、ということは最高裁も要求しません。しかし平成二一年の大原町農協監事最高裁判決は、代表理事の違法行為を見逃した監事の責任について、監事が従前からの慣例に従って職務を遂行したとしても、その慣例が法の要求するものとは異なるものであれば監事の行動規範とは認められず、免責されないことを明示しています。たとえば会計監査の世界では、会社法や金商法が、法令等違反事実を見つけた会計監査人の報告義務を課しています。この「法令違反等事実」の中身については、グレーなのか、クロと断定されるものかは争いがあるかもしれませんが、会計監査人が法律のプロでないことや金融庁へ報告する前に「監査役」への届出が求められている**金商法一九三条の三**などを例にとれば、グレーであれば報告義務が発生する可能性があるのではないでしょうか。そうしますと、たしかにシロを前提に会計監査がなされるとしても、グレーに気づいた時点では有事対応が法的に要求されることになろうかと思います。

監査責任者がグレーと認識できるかどうか、現場で直接審査にあたっている会計士の認識を共有できるかどうかは問題、とのことですが、これも非常に考えさせられるところです。なるほど、これが現場感覚というものなのでしょう。

法的な問題でいえば、監査法人の責任が認められるにあたり、過失が認定される主体は監査現場の責任者かどうか、あまり関係はないと思います。監査現場の担当者自身の責任が認められる場合には、法人自体にも責任が認められるケースもあります。さらに、現場責任者自身の過失があるかどうかは、少し難しい話かもしれませんが、チーム監査において信頼の抗弁（信頼の権利）が適用されるかどうか（現場担当者の業務の適正について責任者が全面的に信頼できる状況にあったか否か）にかかってくるように思います。医療の世界でもチーム医療において、各医師の責任がどのように発生するのかは、信頼の抗弁の問題として、すでに最高裁判決も出ています。

次のコメントをご紹介します。

【金融商品取引法193条の3】
平成20年の法改正で追加された条文。会計監査において、監査人が会社の不正を発見した場合には監査役に届け出て、是正措置を求める制度。もし監査役が十分な対応をしない場合には、さらに金融庁に報告をしなければならない。

（Hさんのコメント　一部編集をしております）

この10年ほどですが、監査法人が訴えられることが頻発し、裁判になったときに負けないようにプロセスの文書化に最大の力点が置かれるという監査実務を考えると、このアンケートはまだまだ現場感覚と違うかもしれません。リスクアプローチでやるべき監査手続を絞り込み、そこから出てきた監査手続書を埋めると「ちゃんとした監査をした」ということになるわけです。

D社でも、親会社が直接資金を流出させたのではない場合、関係会社の貸付取引についてどれだけの手続をしろと定められているのか。「なんか変だ」と思った（以前の違和感を感じたという状態）というくらいで、手続書にない監査手続の拡大をし始めるのは、現場の若い人にはなかなかできないかな、と感じます。自分の嗅覚に忠実な上位20％の優秀な会計士と、監査手続書と関係なく自分のやりたいことをやっちゃう下位５％のバカ会計士でないと発見できない事件だったりするかな？　と思ったりするわけです。

監査法人は、企業の不正を１００％見つけられると信じる人は、会社の経営者に「税務調査でまずいかな？　と思っていた部分が10か所あったとしてどれくらいが発見されている？」って聞いてみるとよいと思います。税務調査と金商法監査は異なる概念ですが、外部者が限られた時間と外部者という制約のなかで異常点を発見し、しかも異常であることを裏付けて訂正までこぎつけるのは、限りなく難しいことなのだということを理解してもらいたいと思います。

私が育った頃の監査は、手続書なんかなくて嗅覚にしたがって監査をやっても良かったんです。

しかし、定期的なローテーション制も導入され、「この会社は俺が一番知っている」みたいなチームメンバーが育たない環境になっていると思います。

おそらくO社の監査チームの元メンバーでも事件が起きてから「ああ、そういえば、あの会社、含み損のある**特定金銭信託**があったんだよなぁ。」とか思い出した人がいるかもしれません。でも、クルクル担当会社を変えられたら、「あの含み損は、どこへ行ったんですか」という当然の疑問が顕在化しなくなっちゃうのだと思います。

・・・(中略)・・・

裁判に負けない監査を追求した結果、事件化しにくい監査手法になってしまったんではないでしょうかね。もちろん裁判では負けないのでしょうけれど、事件になったら半分負けですよね。費やす労力、精神的な負担・・・。

と、古き良き時代の会計士は、愚痴を言い合うのですよね、おそらく私はJさん（注　この後ご紹介するコメント作成者）と同じくらいの年代なのではないでしょうか？

・・・(中略)・・・

ローテーション制度があることで、「この会社は俺が一番知っている」という人がいなくなるわけですが、逆にそうなることで、会社の行為の背景も理解できてしまって、会社に対して客観的・第三者的な専門家としての判断ができなくなってしまうという怖さもあります。そして、制度は、その怖さの方を優先して、ローテーション制度を導入しました。

ですから逆にいえば、癒着や癒着的な会社に寄り添いすぎた判断はなくなる半面、「会社を熟知している専門家による不正発見」という期待はしないでくださいということになります。世間の専門家に対する期待値を下げる広報活動を日本公認会計士協会はしておかないと自分の首を絞めるよ

【特定金銭信託】

委託者が証券会社に対して運用方法や取得・処分の時期、銘柄までも特定する金銭信託のこと。株式運用の場合であれば、銘柄や株数、値段などを特定することができる。

うな気がします。今の制度は、１００点満点の監査はすべきではなく、30点もないけど、みんな押し並べて70点という平均点監査なんです。なので「これくらい発見できるだろ、プロなんだから」というのは期待しないでもらった方がよいような気がします。
もし、監査の平均点を90点とか95点にしてくれということだと、今の監査報酬ではとても無理。監査報酬が4～5倍になって利益数億円の企業が監査報酬で赤字になるから、新興市場の新規上場ができなくなるくらいなら、今くらいの不祥事は会計士の正当な注意の外だと認定してもらうのが着地点として無難なのだと思います。

Hさんのコメントも「期待ギャップ」を理解するうえで非常に参考になります。おそらく監査人の責任と追及する裁判における裁判官も、Hさんの見解については説得力があるものとして、高く評価するのではないでしょうか。
エントリーのなかでも書きましたが、そもそも会計監査においては一〇〇％不正を発見しろ、とはいえないわけです。あくまでも保証業務なので、経営者の作成した財務計算書類について、だいたい七〇％の確率で適正に作成されている、と保証すれば足りるのですから、不正が発見されないこともある、ということも織り込み済みなのですね。
重要性の原則というものも、なかなか法律家には理解しにくい概念ですが、社会に会計監査が必要とされる趣旨からみても当然かと思います。
また**ローテーション制度**の説明からも、不正発見をあまり厳格に要求するのはどうかなと思えます。

期待ギャップを埋める方法は二つあると思います。一つは世間の期待に合わせる形で監査法人の活動を広報するやり方（私が本書で述べたところ）、もう一つは、Hさんが指摘しておられるように会計専門家に対する世間の期待値を下げるための広報のやり方です。

ただ、ここで整理しなければならないのは、会計士に今後期待される役割ということだと思います。これまでの期待ギャップに込められた意味は、先にも述べたとおり、会計監査制度の趣旨からして、会計士は基本的に法的責任を問われない、という事後規制（司法判断）の世界で問題になってきました。しかし、これからは**ゲートキーパー**（そもそも粉飾を予防して投資家が被害を受けないためにはどうすべきか、という事前規制の世界、いわば行政規制の代替機能）としての役割を期待されています。金商法一九三条の三が新設された意味も、そのような趣旨で捉えられています。弁護士には自治権がありますので、それほど強く要請されることはありませんが、会計士の場合には**監督官庁**がありますので、なおさら強い要請があります。そのような要請があるにもかかわらず、これまでの期待ギャップの概念をそのまま維持する、ということは、おそらくさらなる行政目的を達成するため（つまり、粉飾が発生した後にペナルティを課す方向ではなく、粉飾その

【重要性の原則】
企業会計は、定められた会計処理の方法に従って正確な計算を行うべきものであるが、企業会計が目的とするところは、企業の財務内容を明らかにし、企業の状況に関する利害関係者の判断を誤らせないようにすることにあるから、重要性の乏しいものについては、本来の厳密な会計処理によらないで他の簡便な方法によることも正規の簿記の原則に従った処理として認められる、というもの。

【ローテーション制度】
独立した立場でより厳しい会計監査を実施するため、監査を担当する公認会計士は、一定限度の期間を経過すれば交代しなければならない。

【ゲートキーパー】
市場の公正を確保するために、投資家に被害を与える前に不公正な企業行動等を防止する役割。市場の番人たる役割といえる。

【監督官庁】
ここでは金融庁を指す。

ものを抑止する目的を達成するため）ますます厳格な会計士規制が強制権をもって発動されることになるものと思います。これは第４章（事後規制社会に組み込まれる会計士と弁護士）のなかでも説明いたしますが、もはや流れを変えることはできないものです。職業自由人としての公認会計士の魅力を守りながら、事前規制社会の流れを受け入れるためには、私は世間の期待に（少しでも良いので）会計監査の在り方を反映させることによるほうが適切ではないかと思っています（この議論を発展させるためには、もっと広い意味で公認会計士制度の在り方を語らねばならないかもしれません）。

（Ｊさんのコメント　一部編集をしております）

「手続書にない監査手続の拡大をし始めるのは、現場の若い人にはなかなかできないかなと。自分の嗅覚に忠実な上位20％の優秀な会計士と、監査手続書と関係なく自分のやりたいことをやっちゃう下位５％のバカ会計士でないと発見できない事件だったりするかな？　と思ったりするわけです。」（注　ここはＨさんのコメントを引用しておられるところ）

これ、おそらくまともな現場会計士の肌感覚だと思います。しかし一方で、この肌感覚こそ、まさに期待ギャップそのものを示しているものと思います。少なくとも外からの意見は、その20％だか５％だかの方の監査を行うべきと考えており、75％の方は、外部者から見れば「いらん監査人」

（不要な監査人）ということになってしまうのではないかと危惧しています。

会計士どうしのざっくばらんな会話のなかでは、次のように考えています。華やかなりし頃のＩＰＯ監査現場で丁々発止やってた連中からすると、Ｄ社案件は発生せず、Ｏ社案件も高い確率で発生せず。理由は、Ｄ社の場合、極めて簡単で、おそらく個人資産を超える（つまり返済可能性低い）貸付金であるゆえに、本人呼んで怒鳴りつけ、個人資産明細でも提出させれば貸倒引当金計上の話がすぐに出てくるものと。（どうも今の現場は、これを、わざわざアポイントして、書類で提出とかやるのが当たり前になっていて。すぐに内線で呼びつければこういう案件はすぐ片付くのに。）Ｏ社の場合は、いまひとつ内容がつかめていないものの、当初気づいて、かつこれを中止させた、というのが正しいのならば、なぜその続きの部分を精査していないのかが不明。巧妙に全部隠されたのならばまだしも、最初に気づいていたのに、途中からわからなくなるというのがどうにも理解できない点です。

会計士の方々でも、このＪさんのご意見に賛同される方は多いのではないでしょうか。

古き良き時代の会計監査というものは、経営者ともっと親密な関係になって、慣れ合ってしまうリスクはあるものの、そのかわり「おかしなことを考えているのでは」と嗅覚で不正を察知できたのかもしれません。おそらく時代が変わったのですね。どちらにも不正会計のリスクがある以上は、現在では独立性の確保に重点を置いているのだ、ということになるのでしょうか。

最後に拙ブログにお越しの常連の方のコメントをご紹介いたします。

（Mさんのコメント）

この2社（注　D社とO社の件）はかなり特異な事例でしょうが、東京商工リサーチの調査によれば全般的に会計不正が増加しているようです。

http://www.tsr-net.co.jp/news/analysis/2012/1218877_2004.html

従業員等の横領事案を加えると、２０１１年度では50社程度となります。（個人的に収集したデータ）会社の内部統制が適切に整備、運用されていれば防げていた事案であれば、会社の内部統制評価が妥当であったのか、監査人の内部統制監査が適切であったのかとの論点が出てくるのではないでしょうか。

Mさんからは、私のブログが**内部統制報告制度**の解説を中心に据えていた頃から、貴重な助言をいただいておりました。内部統制評価や内部統制監査が、その法制度の趣旨どおりに（理想に近い形で）運用されているとすれば、まさにご指摘のとおりかと思います。内部統制の有効性をきちんと経営者が評価をする、ということは財務計算書類の信頼性がどの程度あるのか、ということを将来的なリスク情報として開示するわけですから、大王製紙もオリンパスも、その評価については問題があったということになります（ちなみに、両社とも過去に提出している内部統制報告書につ

【内部統制報告制度】
財務報告の信頼性を確保するために、有価証券を発行する会社が、自社の内部統制の有効性を評価・開示し、その評価結果について監査人が意見を表明する制度。いわゆるＪ―ＳＯＸ。

いては、有効と評価したことに誤りがあったとして、訂正報告書をすでに提出済みですね）。

内部統制監査については、まさに第４章で述べますように、今後は事前規制的手法の活用の一つとして担当する会計士に求められるところではないでしょうか。たしかに「企業のガバナンスのあり方」に対して外部の監査人が異議を唱える、ということは現状ではなかなか困難なことかもしれません。しかし、Ｈさんのコメントへの感想のところでも述べたとおり、事後規制社会に会計士が組み込まれていく以上は、リスクをとってでも、会計監査人がガバナンス整備のために活躍することが要請されていくのではないでしょうか。

6 かっこいい会計士を目指して

以下は、二〇一二年五月二五日に、常連のＭさん（公認会計士）が「期待ギャップ」について書かれたコメントの一部です。

（Ｍさんのコメントの一部）

監査人が職業的懐疑心をもって監査を実施していれば不正に気づく場合もあり、そうでなければ『期待ギャップ』は拡大してしまうでしょう。『期待ギャップ』は、実際の社会の期待と実際の監査実務との間のギャップですが、実際の社会の期待と正当な社会の期待との間のギャップ（過剰な期待）と正当な社会の期待と実際の監査実務との間のギャップ（不十分な監査）の2つの領域から成り立っています。監査人はすべての不正を発見すべきである、というのは、明らかに過剰な期待ですが、正当な社会の期待に応えることは、監査人の責務であると考えられます。

おそらく、正当な社会の期待（合理的な期待）を形成していくことに会計士は務める必要がありますし、また正当な社会の期待に監査実務が近づくように務めることも必要かと思います。

いずれにしても、これは司法の場で決着させるような問題ではなく、会計士の方々の日常の監査業務を通じて解決していかねばならないものです。ゲートキーパーとしての役割をきちんと会計監査人の方が果たす姿というものは、たしかに会計士（監査法人）にとってはリスクの高い職務かもしれません。しかし証券市場の健全性を確保するために会計士が活躍する姿というのは、職業自由人としての誇りを感じさせるところです。報酬をもらう会社と対決し、株主や投資家の利益を守ろうとする姿勢が見えることはとても素晴らしいですし、世間が真に会計監査人の独立性に信頼を置くことになります。

二〇一二年四月二四日、コーポレートガバナンスの在り方に一石を投じる**最高裁判決**が出ました。社外監査役が会社を被告として、新株発行の無効を訴えた裁判において、社外監査役の主張が全面的に認められました。取締役会で勝手に行使条件を変更した新株予約権の行使に基づく新株発行はけしからん、元に戻せ、と社外監査役は就任早々、会社側に不正を突き付けたのです。

［最高裁判決］
平成24年４月24日最高裁第三小法廷判決。金融・商事判例1403号14頁以下参照。

監査役は裁判を起こし、会社側も最高裁まで争いました。この最高裁判決のなかで、一人の裁判官が「ここまできちんと会社の不正を見逃さない監査役は立派」という趣旨のことを意見として述べられています。最高裁判所の裁判官が、小さな会社のたった一人の社外監査役の勇気ある行動に拍手を送ったのです。おそらく、会計士の小さな勇気も、誰かがどこかで評価してくれるはずです。その積み重ねによって会計監査人の職務に社会から信頼が寄せられることになると思います。

こういった努力が目に見えるようになれば、きっと「会計士って、こうやって社会のために役に立っているのか、それなら自分にもできるかもしれない」という夢を若い方々に抱かせるに違いありません。かっこいい会計士の出現を、私はこれからも支援していきたいと思います。

2章

弁護士・会計士の「守秘義務」は七難かくす？

1 はじめに

弁護士生活は二〇一三年時点でもう二四年目になりますが、裁判業務や不正調査業務を行うなかで、ほぼ毎日他人の秘密に接しています。いや、接しなければ仕事にならないといったほうが正確です。たとえば妻の友人から離婚の相談を受けたとしても、その相談を受けている事実を妻にも（当たり前ですが）話すことはありません。たとえ妻からの紹介だとしても、いつどのような相談があったのか、妻に語ることはありません。

「いやいや、その件は**『守秘義務』**の関係でお話できないですよ」と、マスコミ取材の質問で答えることもよくあります。実に我々弁護士にとっては「守秘義務」という言葉は大切であると同時に便利です。話したくないことは「それは守秘義務の関係で話せない」といえば、相手は「そうですか、たしかに弁護士さんですから仕方ないですね」と納得してくれます。こういった便利さからか、どうも安易に「守秘義務」という言葉を使う癖がついてしまったようです。

会計士の方は、私は普段お仕事でお付き合いしているかぎりでの感想ですが、弁護士以上に「守秘義務」については神経を使っているように思えます。たとえば飲み会などでも「ここだけの話なんだけどさ、誰にもいわない？」などとクライアント企業の噂話をするところを見たことがありません。同じ監査法人のなかでさえ、「あのY社の件だけど、」といった具合にイニシャルなんかを使って、「俺は守秘義務に配慮してしゃべっているんだ」という配慮を周囲に意識づけてい

【守秘義務】
公務員、弁護士、医師、公認会計士など、その職務の特性上秘密の保持が必要とされる職業について、それぞれ法律により定められている義務。これらの法律上の守秘義務を課された者が、正当な理由なく職務上知り得た秘密を漏らした場合、処罰の対象となる。

ます。おそらく守秘義務の感覚が職業柄身にしみついている・・・ということなのでしょう。

企業社会においても、公認会計士の守秘義務は相当厳しいものである、といった認識があるようですから、被監査企業の内情など監査担当者から語ってもらおう、などとはまず誰も思わないでしょう。

弁護士や会計士にとっては、日常の仕事において他人の秘密に接する機会が多いわけですから、これをむやみに口外すれば、弁護士業界、会計士業界すべての信用問題に関わります。とくに企業との関係でみると、決して外部に漏らしてはいけない企業秘密、営業秘密に接することになりますし、またインサイダー情報も恒常的に知る立場にあります。したがって守秘義務が厳格に運用されることが、業界全体の信用を維持するための大前提です。

しかしよく考えてみると、「守秘義務に関わる」といえば、弁護士や会計士は自分の業務内容について何も話さなくてもよいのでしょうか？　どこまでが守秘義務の問題で、どこからは語ってもよい、という線引きについて、何か判断基準のようなものがあるのでしょうか。ひょっとすると、自分たちの仕事の上でのミスを隠すためにも、この「守秘義務」という言葉が使われたりすることはないのでしょうか。どうしても、自分たちに都合のよいように「守秘義務」という言葉を使っているような気がしてなりません。

企業が不祥事を起こしたとき、マスコミや国民から「早く情報を出せ」と迫られます。そんなときに企業が何も情報を開示せずに黙ったままではその企業の信用は地に落ちてしまうでしょう。情報を開示することは、いまや企業の信用を維持するための最低限のコンプライアンス対応です。

しかし弁護士も会計士も、「何か知っているのではないか」と疑われても沈黙を保ちます。これは「守秘義務」という社会的に認知された正当化根拠があるので、沈黙していても強い非難を受けないからです。

しかし、我々弁護士もそうですが、会計士も黙っていては「反論すべき有利な事情がない」として、職業専門家としての評判が低下していくことはないのでしょうか。以前のように、弁護士や会計士の責任は裁判や懲戒審査で明らかになればよいと考えているのであれば、後日、しかるべき場において、言い分を明らかにする、ということで足りるかもしれません。しかし、第1章でもご紹介した伊藤醇会計士は、最終的にはほぼすべての裁判で勝訴するものの、一〇年にも及ぶ監査見逃し責任追及訴訟への対応で精根尽き果てる状況に追い込まれました。つまり弁護士同様、会計士も裁判に巻き込まれること自体がリーガルリスクなのです。「守秘義務」という言葉を安易に使うことで、紛争に巻き込まれないのであればよいのですが、「主張すべき利益がない」と受け取られて無用なリーガルリスクを背負わされることになるのであれば、これは是非とも避けたいところです。

このように弁護士や会計士の「守秘義務」については、いろいろと素朴な疑問が湧くところです。そこで、以下ではこの（ときには自分たちの責任回避のためにも利用されかねない）弁護士・会計士の「守秘義務」について考えてみたいと思います。

2 弁護士・会計士の守秘義務とは？（守秘権利もある？）

堅苦しい話は簡略に記しておきたいところですが、やはり原則的なところは押えておきたいので、まずは弁護士や会計士の守秘義務の法的根拠について確認しておきます。

弁護士法二三条は「弁護士又は弁護士であった者は、その職務上知り得た秘密を保持する権利を有し、義務を負う」と定めています。これを受けて弁護士職務基本規程二三条も「弁護士は、正当な理由なく、依頼者について職務上知り得た秘密を他に漏らし、又は利用してはならない」とあります。このように守秘義務は弁護士倫理のまさに中核的なものとして位置づけられていますが、条文をよく読むと「守秘義務」だけでなく「守秘権利」についても保障されているのです。これは国家からも他人の秘密の暴露を強要されない、ということが制度として保障されていることを示しています。

一方、会計士については公認会計士法二七条において「公認会計士は、正当な理由なく、その業務上取り扱ったことについて知り得た他人の秘密を漏らし、又は盗用してはならない。公認会計士でなくなった後であっても、同様とする」と規定されており、倫理規則にも、守秘義務について次のように規定されています。

「会員は、正当な理由なく、業務上知り得た秘密を他の者に漏えいしたり、自己又は第三者の利益のために利用してはならない。業務上知り得た秘密とは、会員が、会計事務所、雇用主（潜在的な雇用主を含む）、依頼人（潜在的な依頼人を含む。）及び業務上の対象となった会社等から知り得た秘密をいう。会員は、業務上知り得た秘密を利用しているのではないかという外観を呈することがないよう留意しなければならない」

こういった守秘義務は、監査証明業務だけでなく、非監査証明業務においても厳格に遵守されねばならないものとして定められています。そして弁護士も会計士も、守秘義務違反の事実が発生した場合には、当該弁護士、会計士には懲戒処分等の厳しいペナルティが課せられることになります。このような厳しい守秘義務については、医師についても規定があります。

つまり守秘義務というのは、単純にクライアントとの秘密保持契約（明示されていなくても、委任契約の特殊性から導き出されるものと思います）から発生する義務を誠実に履行しましょう、ということにとどまらず、むしろ弁護士や会計士の職務上の倫理問題と密接につながっていることがわかります。

3

専門家倫理と守秘義務の関係を示す具体的事例

ところで会計士の守秘義務を考えるうえに参考となる懲戒事例があります。**ライブドア粉飾事件**において、同社の監査を担当された公認会計士の方が、二〇〇六年五月に『ライブドア監査人の告白―私はなぜ粉飾を止められなかったのか』（ダイヤモンド社）という本を出版されました。

［ライブドア粉飾事件］

ライブドアの2004年９月期年度の決算報告として提出された有価証券報告書に、虚偽の内容を掲載したとする疑いがもたれるなど証券取引法等に違反したとされる２つの罪で、法人としてのライブドアとライブドアマーケティングおよび同社の当時の取締役らが起訴された事件。

私も当時ライブドア事件にはとても関心がありましたので、発刊直後に読みました。そこには、かなり赤裸々にライブドア社の会計監査人としての行動が記されていました。他の会計監査人の言動などにも触れられています。この本が出版された後、公認会計士の方々の間では「ここまで書いて大丈夫だろうか？」といった感想も聞かれました。

案の定、この本を出版したことで、著者の行動は守秘義務違反に該当するのではないか、という点が日本公認会計士協会で問題視されました（懲戒処分の審査対象になりました）。その結果、著者に対して同協会により懲戒処分が下されることになります（なお、別に監査手続きにおいて「盗み見」があったことも処分対象となりましたが、ここでは割愛させていただきます）。

二〇〇七年一一月に日本公認会計士協会から懲戒処分（戒告）が出されましたが、懲戒理由としては守秘義務違反には該当しないけれども、会社の知られていない秘密を出版という方法で暴露する行為は、会計士の信用を失墜させる行為に該当する、というものでした。

なぜ「守秘義務違反」に該当しないかというと、秘密の暴露については会社側における事前の明示の承諾はなかったけれども、事後的な**黙示の承諾**は認められる、よって本書の出版に関する消極的な「了解」があったものと認められるので、守秘義務解除の「正当な理由」がないとはいえない、ということのようです。

また、「信用失墜行為」に該当する理由としては、他の公認会計士、公認会計士業界、他の被監査会社、一般社会等いわゆる第三者との関係においては、本書の出版行為が情報漏えいの不安や監査人への不信感を発生させ、ひいては我が国の公認会計士監査制度に対する信頼性の低下を

【黙示の承諾】
あらかじめ、明示的に承諾がなされたものとはいえないが、さまざまな背景事情から、承諾の意思が推定される場合のこと。

招きかねないため、ということでした。

つまり守秘義務違反に該当しない場合であっても、「信用失墜行為」に該当するということで処分の対象になる、というものです。

同協会としては、この懲戒事案は法律関係者の意見も参考にして判断したものだそうですから、協会としても相当に悩ましいものだったのでしょう。私が読んでも、非常に処分理由に苦慮したところが窺えます。

なかでも守秘義務違反を否定する（秘密を開示することについて正当な理由があるとする）判断は興味深いところです。「事後の黙示の承諾」などという、会計士の方にとってはあまりなじみのない法律的な用語が登場しています。

ここで問題となるのは、クライアントの黙示の承諾があれば守秘義務違反に該当しない、という点です。おそらく本書の出版によって、クライアントが秘密開示の事実を知っていたにも関わらず、これに何も異議を唱えなかったことは、消極的な了解があったものと認められるので黙示の承諾あり、とされたものと思われます。会計士が第三者の前でクライアント企業の秘密を口外した、というケースでは、口外した事実自体をクライアントが知り得ないのが通常ですから、こういった「事後の黙示の承諾あり」とはいえないことになります。

しかし本件では、どのような事情をもって「黙示の承諾あり」と判断したのでしょうか。これはかなりむずかしい判断です。後日、クライアントから文句が出なかったから「黙示の承諾があった」とみるのはずいぶん乱暴な解釈です。むしろ秘密開示の承諾は、事前になされるべきだが、

（事後に文句が出なかったことからみると）開示の際には推定的な承諾があったとみることができる、と捉えるべきです。判断の前提となった事情次第では、事後における黙示の承諾だけでなく、承諾が合理的に推定される場合、つまり「推定的承諾」があった場合でも「正当な理由あり」とされるケースも出てくるのではないでしょうか。行為の時点で「きっとこれをクライアントが知ったのであれば許してくれるだろう」と考えて（推定して）行動したケースでも、結果として守秘義務違反にはならないこともあり得るものと思われます。

もう一点問題になるのは、たとえクライアントから事前に秘密開示に関する了解（もしくは秘密には該当しない、ということの確認）を得ていたとしても、これを「出版」という方法で開示すると信用失墜行為に該当するのだろうか？　という点です。こういった行動をとられると、他の会計士が迷惑するではないか、というのであれば信用失墜行為に該当しそうですが、かなり微妙な判断のようにも思えます。そもそも「信用失墜行為」というものは、何が該当するのかは不明瞭であって、後出しジャンケン的に処罰されてしまうような、会計士にはかなり不安を感じる懲戒対象事由ではないでしょうか。

ただ、弁護士の場合も品位を害する行為があった場合には懲戒処分の対象となりますので、このあたりは同じかもしれません。

このように考えてみますと、守秘義務違反に該当するかどうか（秘密を開示することに正当な理由があるか否か）は、厳密にはクライアントとの具体的な関係から諸般の事情を斟酌したうえで判断されるべきものです。つまり、クライアントとの関係だけでなく、会計士の社会的使命も考慮に入れて、「正当理由」の有無を判断すべきです。ということは、普段我々が守秘義務違反といっているのは、実は同業者の品位を害する行動ゆえに話せない、ということが多いのではないかと思います。仮に守秘義務違反が問題となる場面と考えられるとしても、クライアントとの関係からみて、守秘義務違反の「疑いがあるため」にお話を控える、ということではないでしょうか。弁護士や会計士が思っているよりも守秘義務を根拠として説明を拒絶する場面というのは、限られた範囲のものと考えられます。

4 弁護士と会計士の守秘義務の差について

ここまでは弁護士と会計士の守秘義務を区別せずに論じてきましたが、守秘義務が問題となる状況は両者の間で少し違う面もあるように思われます。

たとえば弁護士や医師の守秘義務というのは、それが依頼者や患者の権利（生命、身体、財産等の保護）を最大限度に守るという使命を尽くすために認められています。依頼者の権利を擁護することで真実義務を尽くし、社会的正義を実現するという弁護士の社会的生命に合致するものですし、また医師の守秘義務についても、これに最大限の配慮をすることが、患者に対する治療行為を継続してその生命、身体の維持を図るという社会的使命に合致するので、弁護士と同様に考えられるところかと思います。

しかし会計士の場合には、少し異なるようです。とくに法定監査に従事する監査法人、公認会計士の場合、たしかにクライアント企業（被監査対象企業）の秘密を保持しなければ適切な監査はできないわけで、監査業務を遂行するうえでは大切なことかと思います。しかし、会計士には「適切な情報開示に協力する」という公益目的のための使命があることを重視するならば、実質的な依頼者は投資家や株主、会社債権者だと捉えられます。このことを前提とした場合には会計士の守秘義務はどう考えるべきでしょうか。

もちろん、監査が適切に遂行されるからこそ、投資家や株主にとって有用な情報を提供できることになりますので、普段はとくに問題になることありません。しかし、クライアント企業と株主、投資家、債権者との利益相反関係が生じた場合には悩ましい問題に直面し、別の配慮も必要になります。たとえば監査担当者がクライアント企業との間で意見の相違が生じた場合、任期途中で監査契約を解除されたり、会計士のほうから監査人たる地位を辞任するようなケースでは、株主や投資家は「いったい何が起こったのか」知りたいところです。しかし会計士としては、クライアント企業に対する守秘義務がある、ということから実質的な依頼者である株主、投資家、債権者には何も開示しない、という場面が想定されます。弁護士や医師の場合には守秘義務を最大限に配慮することが社会的使命を果たすために必要なのであり、真実義務についても、依頼者の秘密を守りながら裁判所で闘う姿勢を示すことにより真実発見に尽力する、ということになります。しかし会計士の場合には、これで社会的使命を果たしているといえるのでしょうか。

最近は**ゲートキーパー問題**など、職務上知り得た情報を官公庁に報告することが要請されるこ

【ゲートキーパー問題】
弁護士、会計士等にも、市場の番人たる役割を果たすべきとする意見がある。マネーロンダリング防止のために、取引に関与する専門家に当局への報告義務を課すことなどが問題とされる。

ともあります。また、金融商品取引法上の**臨時報告書**を提出すべき会社（主に上場会社）について、企業内容等の開示に関する内閣府令（開示府令）により、監査人の異動に関する開示が規定されています。財務諸表監査および内部統制監査を担当する監査人（公認会計士、監査法人）に異動が生じる場合には、その旨を臨時報告書によって速やかに財務局に提出することを要する、というものです。このポイントは、なんといっても異動に関する監査人側の意見表明が原則として報告書に付される、という点です。また法令等違反行為を知った監査担当者が、一定の要件が満たされた場合には、その法定等違反事実を当局に届け出るという制度も平成二〇年の金融商品取引法改正で規定されています。いずれも会計士の社会的使命を果たすために、クライアントの秘密を保持する必要性が後退する場面です。上記の各具体例のように、法令等で守秘義務解除が認められるケースであれば、それほど問題はないのかもしれません。

しかし、先のライブドア監査人の懲戒事例にもあるように、守秘義務違反か否かは非常に微妙な判断によるものでして、個々の法令ですべて「何が守秘義務違反になるのか」規定されるものではありません。つまり会計士の社会的使命を全うするためには個々の事案ごとにクライアントの利益を最優先に配慮して守秘義務を尽くさねばならないのかどうかは検討する必要がある、ということかと思います。

【臨時報告書】
金融商品取引法で規定されているもので、会社の重要事項が決定または発生した場合に作成する企業情報開示のための報告書。略して「臨報（りんぽう）」と呼ばれることもある。

5

第三者委員会制度と弁護士の守秘義務

このようなことを真剣に考えるきっかけとなったのは、最近よく話題となります「企業不祥事の際の第三者委員会制度」の検討にあります。

この第三者委員会の委員には通常弁護士資格を保有する者が就任するため、日弁連でも、その委員会の適正な活動を維持するために**日弁連ガイドライン**を設けています。このガイドラインによれば、そもそも第三者委員会は、委員の報酬支払なども含め、形式的な依頼者は会社であるものの、任務は当該会社を取り巻くステークホルダーすべてのために行う、ということが基本思想になっています。つまり、我々弁護士は、常に依頼者本人の利益確保に最大限の意を尽くして仕事をするわけですが、この第三者委員会の委員としては、とても異質な状況のなかで仕事をしなければならない、ということです。報酬をもらっているのは会社であるにもかかわらず、調査が進展した後においては、その会社にとって極めて不利益なことを報告しなければならない可能性があります。

この状況は、まさに会計士の行う会計監査業務に近いものではないでしょうか。とくに報告書には当該会社が秘密にしておきたい事実も含まれているわけですが、第三者委員会の委員としては、ステークホルダーに対する説明責任を負っているのですから、どこまで開示してよいのか悩ましい場面でもあります。

【日弁連ガイドライン】
日弁連が定めた企業不祥事発生時における第三者委員会の活動指針。報酬を受領している会社のためではなく、まず会社の不祥事発覚によって利益を喪失しかねないステークホルダーのために活動することが定められている。

本来は第三者委員会報告書をそのまま原文どおりに開示してほしい、とは思うのですが、報告書には具体的な社員名が掲載されており、また企業の重大な無形資産が含まれていることもあります。通常は会社側と綿密な協議を得たうえで、どのように報告内容を開示するか、ということを検討したうえで報告書は開示されます。最近では経営陣がいったんは第三者委員会を設置したものの、委員会が認定した事実について、そのまま真実とは受け入れ難いことから、報告書開示に関して委員会と現経営者とが意見が食い違ってしまう事例も出てきました。

第三者委員会の社会的使命はステークホルダーに説明責任を果たす、ということですから、会社側の意向をそのまま受け入れて、報告書開示に関するイニシアチブを会社側に委ねていいものかどうか疑問が残るところです。

6 専門家のミスを隠す「守秘義務」

最初に少し述べたとおり、我々弁護士は「守秘義務があるので開示できない」というフレーズを安易に使う傾向があります。しかし弁護士や会計士の社会的使命（もう少し厳密にいえば公益目的といったほうが正しいのかもしれません）を果たすためには、依頼者の利益（守秘義務によって守るべき利益）よりも優先すべき利益があるのかどうか、検討する必要があると思います。ただし、そこでは利益の調和を図るだけでなく、守秘義務を解除する際の行動が、弁護士や会計士としての品位を害するもの（信用失墜に至るもの）に該当するものかどうか、という点にも配慮しなければならないことはいうまでもありません。

弁護士にとっても、会計士にとっても、あまりこれまで「守秘義務」の中身については厳密に考えてこなかったのではないでしょうか。それほど厳密に考えなくても、世間からとくに疑問を呈されることもなかったように思います。

守秘義務に反するから、という理由で専門家が口を閉ざす、というのは専門家自身の職務遂行が社会の批判にさらされない、ということを示します。依頼者にどのような指示を与えたのか、依頼者から具体的にどのような依頼を受けたのか、どうして依頼者と紛争になってしまったのか、自ら辞任したのか、辞めさせられたのか、合意のうえで解消したのか等、さらに専門家としての正当な注意義務を尽くして仕事をしたのかどうか、社会から評価を受けるべき問題はすべて闇の中です。しかしこれでは弁護士や会計士が本当に専門家として、手を抜いたり、基本的なミスをしていたり、職業倫理に悖るような指示をしていなかったのか、社会から精査することは困難です。世間を揺るがす社会的な問題が発生したときに、弁護士や会計士は火の粉が降りかからぬように蚊帳の外、ということで果たしてよいのでしょうか。

そもそも弁護士や会計士は、よほどのミスを犯さないかぎり、専門家責任訴訟の被告になることは少ないと思います。訴えるほうも、相手は訴訟や監査のプロということで、訴えた方に勝ち目が少ないうえに「費用倒れ」になる可能性も高いのですから、そもそも専門家相手に訴訟を起こそうと考える人も少ないかもしれません。守秘義務をどのように考えたとしても、それほど紛争リスクが増加するようには思われません。

しかし、法的評価の面で大きな影響は出ないとしても、せめて弁護士も会計士（監査法人）も、自らの専門家としての行動によって正当な社会的評価は受けるべきではないでしょうか。たとえばステークホルダーに対して、自己の業務内容を説明すべき場面であるにもかかわらず、具体的な理由を示すこともなく説明を拒むことは、弁護士にも会計士にも誠実性が疑われるということです。さらに、専門家としてのミスを隠していることを疑ってかかるには、この守秘義務や信用失墜行為の中身を厳密に検討する必要があります。

弁護士の場合には、守秘義務は依頼者に向けられていますが、会計士の場合には投資家や株主に対する情報提供という、いわば市場の番人たる立場にも配慮が必要です。守秘義務という言葉だけで一切の業務内容の説明を拒絶する、ということは単純に依頼者（実質的な依頼者を含めた）利益確保のため、とはいえないはずです。

そこでは報酬を受領するクライアント企業に対する利益配慮よりも優先すべき社会的利益への配慮という面も存在するのではないでしょうか。そこでは、クライアント企業と投資家や株主との利益相反状況に至った会計監査人がいかに行動すべきかを、きちんと社会的評価の対象とすることが示されることになります。

決して責任回避的行動に出ない会計士の姿を示すことこそ、倫理と結びついた守秘義務の在り方ではないでしょうか。

以上述べたところは、ひょっとしたら私だけが「守秘義務とは、なんと専門家にとっては都合のよい倫理規定だろうか」と考えているだけであって、ほとんどの専門家の方々にとっては自明のことなのかもしれません。しかし最近の企業不祥事事案の報道のなかで、弁護士や会計士が果たしている大きな役割をみるにつけ、この専門家の方々が、不祥事発生の原因究明や有効な再発防止策構築を阻外しているのではないか、と思わざるを得ないところがあります。そういったことから、守秘義務に焦点を当てて、(自身への自戒も込めて) 検討を試みたような次第です。

なお、最後に会計監査人異動時の意見表明制度が動き出していることについてブログで書いたことがあります。会計監査人が交代する場合というのは、被監査対象会社と会計監査人との意見相違が原因となることも多いと思います。会社側は「とんでもない会計監査人の監査によって不適切な開示が強要されようとした」と自らを正当化するような場面も想定されます。そういったときに、会計監査人側が守秘義務を解除して投資家に説明できるように、意見を表明する制度があります。参考としてブログ記事を末尾に添付しておきたいと思います。

2010年6月21日

動き出した「監査法人異動時における意見開示制度」とセカンド・オピニオン

2008年6月24日のエントリー「監査法人（公認会計士）異動時の意見開示」におきまして、「今後は監査法人と被監査対象会社との意見が対立した場合、監査法人が投資家に対して適正意見が表明できない理由等を堂々と説明することが増えるのではないか」と書きました。

しかしながら、やはり被監査対象会社が監査法人との対立を回避することが多かったり、たとえ対立する場面が生じたとしても、（監査法人の守秘義務の関係から）合意解約や辞任という形で監査法人が自ら監査を下りることが多いということから、「意見開示制度」が活用される場面はなかなか発生することはありませんでした。また皆様方のご意見も、そうした予測が多かったように記憶しております。

しかしながら、近時ＴＬホールディングス社や日本風力開発社のように、監査意見が表明されない理由に関する会社側、監査法人側の意見が食い違うため、それぞれが意見を開示する、という事態が発生しております。（法的には監査役さん全員による意見と監査法人との意見が食い違っている、ということであります。）2008年当時の私の推測は、単なる杞憂にすぎなかった、というわけではなかったようであります。（臨時報告書と適時開示という差異はありますが、監査法人の守秘義務が解除される正当な理由、という点では同様に取り扱ってよいかと思われます。）とりわけ日本風力開発社は週間の株価下落率62.3％（47万3,000円→6万1,300円）で監理ポスト入り、2010年6月20日発売の日経ヴェリタス紙によりますと、日経電子版株価検索ランキング2位（週間あたり）ということでありますので、改めて監査法人の意見表明が株価に及ぼす影響の大きさを痛感するところであります。

ただし留意すべきは、こういった監査法人さんの意見開示がなされても、いずれの会社も後任の監査法人さんの就任が予定されていることであります（上場会社である以上は当然といえば当然ですが）。監査法人側が「会社の会計処理が不適切である」とは表明せず「意見が表明できない」としているのではありますが、後任の監査法人さんとしては、会社側の会計処理を適正と表明する可能性は十分にあるわけでして、もし、解任された監査法人さんのご意見（説明）も、また後任の監査法人さんのご意見も、いずれも正しいものであるということが前提であれば、これは監査意見にはセカンド・オピニオンが存在することを認めることにはならないのでしょうか？　監査法人さんが意見を表明するにあたっての心証形成の程度は一定レベルの水準が必要でありますので、その水準（レベル）に関する意見の相違もやはりオピニオンに該当するものだと思うのでありますが、いかがなものでしょうか？

当ブログにおける常連の皆様からも、またある著名な会計学者の先生からも、「会計の世界には『オピニオン・ショッピング』は存在しても、『セカンド・オピニオン』は存在しない」と教えていただきました。つまり制度監査の世界においては、資格をもつ公認会計士さんが一般的な職業上の注意義務を払ったうえで行う監査業務では、どの企業においても、その監査意見には2つ以上の正解はない、ということが前提とされているものと思われます。そうしますと、たとえば後任の監査法人さんが、もし適正意見を後日表明するような場合には、「前の監査法人さんは間違った監査をしていた」ということを表明することになるのでしょうか？　それとも会計監査の世界にも「セカンド・オピニオン」は存在する、ということを認めることになるのでしょうか？　会計士の先生方も、この時期、年度監査から解放されて、少しだけお時間ができる頃かとは思いますが、このあたり、ご教示いただけましたら幸いです。

それともう1点、こういった監査法人さんの意見開示が活用される風潮になれば、この「意見開示制度」は、不正や誤謬に基づく重要な虚偽記載リスクがある場合における監査法人さんの中立性や独立性を維持するための有力な武器になる、ということであります。監査法人さんが効率的な監査を行いつつも、ある一定レベルの心証形成を必要とした意見を述べなければならないとすれば、重要な虚偽記載リスクを低減させるために監査役を利用する（金商法193条の3）、被監査企業の協力を求める（たとえば深度ある監査のための監査報酬の追加を要求する）という方法とともに、こういった意見開示をもって注意喚起をする、ということも行動規範の1つになりうる、ということであります。しかし、武器をもつ・・ということは、逆からみると、武器を使わない場合に「なぜ使わなかったのか」ということの説明を求められることになります。とりわけ会計監査人の監査見逃し責任が法的に問われるような場合におきまして、この「意見開示制度」の活用事例が増える風潮がどのように影響を及ぼすのか、今後検討を要する課題になるのではないかと考えております。

3章

他人《ひと》のせいにする弁護士と会計士

1

はじめに

弁護士も会計士も制度改革を目指して国家試験の合格者が増えてきました。しかし、双方とも資格保有者が増加したものの、思うように市民や民間企業からの需要が伸びないために、その就職難が社会問題化しています。会計士の場合、合格者数、合格率とも再び減少傾向に転じ、弁護士についても合格者を増やしたものの、また減らすことが検討されるようになりました。

合格者を増やすとなると、資格保有者の能力にも大きな差が出てくるわけでして、専門家としての能力に乏しいために、仕事上のミス（注意義務違反）を問われるような場面も増えてきます。また、忙しいためか、もしくは仕事を怠けてしまったためか、ケアレスミスを犯してしまい、裁判沙汰や懲戒問題になってしまうことも最近では珍しくありません。弁護士も、また会計士も、専門家として社会から期待されている職責を果たすことができず、専門家としての責任を問われる場面に遭遇することになります。

私個人の意見としては、社会のニーズがある以上は弁護士も会計士も数を増やすべきだと考えています。しかし社会のニーズを掘り起こさないまま、弁護士や会計士の数を増やしても社会インフラにはならず、就職難という事態に直面することは当たり前のように思います。一番大切なことは、弁護士や会計士に何ができるのか、本当に誠実に仕事をしてくれるのか、これらのことを社会に広報していかなければ社会のニーズさえ生まれない、ということです。

ところが弁護士や会計士の仕事というものは、とてもわかりにくいものです。裁判所でカッコよく熱弁を振るう姿、上場企業で監査業務に従事する姿という「ステレオタイプ」が世間のイメージとして定着していますが、こういったステレオタイプにこだわったままで増員するからこそ就職難という事態に至ってしまったわけです。

今の社会の流れのなかで、弁護士や会計士が日本を幸せにするために活躍しなければならない場面はたくさんあるのです。こういったこともできますよ、といった姿勢を、まず我々専門家のほうから世に示さなければなりません。

しかし、どうも弁護士や会計士は社会のニーズの掘り起こしに未だ熱心とは思えません。職務上のリスクを負いたがらないところがあります。そもそもリスクを負わずに新たな活躍の場を開拓することなど到底できないように思いますが、どうもリスクを負いたがらない。弁護士業界でいえば、債務整理に特化した一部の法律事務所が、大々的な広告や全国的な事務所展開によって賛否両論の議論を巻き起こしているくらいでしょうか。

私は弁護士会で市民の苦情を受け付ける窓口担当者を三年ほど経験しました。その経験からすると、弁護士がリスクを負いたがらない要因として、自身のミスを認めたり、素直に謝罪することができないまたは苦手であることによると思います。自分のミスは他人のせいにしない、当たり前のことですが、自分への反省も込めて、この意識の転換がまず必要だと痛感します。

大手企業でさえ、最近は不祥事を発生させれば自ら事実関係を調査して、その原因を分析、公表して素直に謝罪をします。社会的な評価を大切にすることは日本独特の文化でしょうし、その文化こそグローバル時代に日本が世界で頭一つ抜け出るための切り札です。

「申し訳ありません。ついうっかりミスをしてしまいました。今後は二度とこのようなことがないように気をつけます。」と素直に謝罪をして、アフターケアに尽力できればよいのですが、どうも弁護士も会計士も他人（ひと）のせいにして、自分の責任ではない、と申し開きをするのが上手なようです。これはどちらも「信用商売」である以上、やむを得ないことかもしれません。もちろん本当に自分の責任ではない、と弁明すべき事案も多いとは思いますが、なかには別の弁護士、会計士に依頼しておけばミスが発生しなかった、同じ失敗には結びつかなかったと思える事案もあります。では弁護士や会計士はどうやって自分のミスを上手に「他人（ひと）のせいにする」のでしょうか。

なお、誤解のないように申し上げますが、私は弁護士や会計士の「責任転嫁」自身を非難したり、おもしろおかしく揶揄するのではありません。それぞれ特有の弁明方法から、双方の業務の違いを浮き彫りにすることを主眼として論じるものです。そして最終的には、自分のミスを他人のせいにする弁護士、会計士が出てこないような仕組みを構築することこそ、弁護士制度、公認会計士制度の信頼を高める、という結論を導き出したいと思います。

2 弁護士の主張とセカンドオピニオン

我々弁護士は、「依頼者のために誠心誠意尽くすこと」が原則です。これは刑事事件でも民事事件でも同じです。たとえ刑事弁護人の立場からみて「この被告人は明らかに真犯人だよな」と思っていても、被告人本人が犯罪事実を否認すれば、この否認を前提に主張を組み立てなければなりません（ただし積極的にウソの証拠を作ってまで被告人の無罪を争うことは新たな犯罪なりますのでご注意）。

またどうみても敗訴が確実な民事事件であっても、依頼者自身が裁判で争ってほしいと願い出れば、これを前提に書面を作成しなければなりません（ただ、民事事件の場合には「負け方」も大切なので、敗訴が確実だとしても、有利な和解に進むように裁判で争うことはあります）。

「なぜ弁護士は、明らかに嘘をついている被告人の手助けをすることが正義に適う職責なのか？」と問われることがあります。しかし、我が国の裁判制度は、裁判を通じて真実が浮き彫りになる、ということが前提なので、弁護士は裁判制度に関与することをもって「真実義務」を尽くすことになります。つまり、職業専門家である弁護士が一生懸命被告人の利益を代弁してもなお、裁判官が有罪と認定した、という事実こそ大切であり、これが文化的国家における刑事裁判の在り方なのです。したがいまして、「明らかに嘘をついている」と思える被告人の利益を最大限の努力を払って裁判上で主張することが「真実義務」の履行なのです。

ところで弁護士の場合、弁護人・代理人として裁判の結果が予測され、その予測どおりの結果となった場合には、あらかじめ敗訴のリスクを依頼者に説明済みなので、依頼者からミスを糾弾されることはほとんどありません。問題なのは、依頼者や被告人と一緒になって「これは裁判で勝てる」「否認すれば無罪となる」と予測していたにもかかわらず、その予想に反して裁判で負けてしまった、あるいは有罪になってしまったような場合です。こういったケースでは、依頼者は裁判結果に納得がいかず、委任していた弁護士の能力に疑問をもつか、もしくは他の弁護士ならやらないようなミスや手抜きをしてしまって自らに不利な結果が発生してしまったのではないか、と疑心暗鬼になります。

ここで弁護士が敗訴の結果を依頼者に説明するケースで出てくる言い訳としては

「いや〜、変な裁判官にあたってしまった」

「いやいや、裁判をやった時期が悪かったよ。二、三年前なら勝てたのに、最近の世のなかの流れが変わっちゃってさぁ」

「思いもつかないような証拠が相手から出てきてしまった」

といったあたりが決まり文句です。とくに弁護士は自分の判断が終局的なものではなく、あくまでも判断者である裁判官を説得しなければ勝てないわけですから、こちらに不利益な判決が出てしまった場合には、平気で他人に敗訴責任を転嫁します。「自分の力が足りなかった」と心のなかでつぶやき、どこか後ろめたさを感じつつ責任転嫁をすることもあれば、無意識のうちに（まったく悪気なく、むしろ確信的に）責任転嫁をしてしまうケースもあると思います。おそらく弁護士の場合には、最終判断者は裁判官であり、そもそも法律の解釈というものはいくつも存在する、セカンドオピニオンは存在する、ということが大前提だから、ということです。弁護士が定立した法律解釈も成り立ち得るが、相手方や裁判官が定立した解釈も成り立つ、たまたま今回は裁判官がこちらと異なる解釈を採用した、というだけである、という理屈によって自分が敗訴責任を負わないことを依頼者に説明します。

なお、弁護士は「依頼者が悪い。協力的でなかった」ということで自分の責任を転嫁することは最後の手段です。というのは、弁護士にとって依頼者から懲戒請求の申立をされるのがとても悩ましい問題だからです。**監督官庁をもたない弁護士**にとって、弁護士の自治権は同業者にとっては厳しいものがあります。**日弁連**や所属する**単位弁護士会**(たとえば私の場合は大阪弁護士会)による懲戒処分のもつ意味はたいへん重い。あまり一般的には知られていませんが、日弁連の会員弁護士向けの月刊「自由と正義」には、毎月五、六名、多いときには一〇名以上の弁護士の懲戒処分が公表されています。

「そんなに多いのですか」とビックリされることもありますが「戒告」という一番軽いものから「除名」、「退会命令」といった資格はく奪に匹敵する処分に至るまで、いったん処分が確定した以上は信用に関わるものとなります。また、たとえ明らかに処分される見込みはないとわかるような懲戒請求であっても、きちんと審査手続きにかけられますので、審査への十分な対応が必要となります。職務怠慢や能力不足を問われるような懲戒請求がかけられたこと自体、処分されないことがわかっていても自身の所属する弁

【監督官庁をもたない弁護士】
弁護士は強制加入団体である弁護士会の会員として活動し、当該団体には強力な自治権があるため、監督官庁は存在しない。

【日弁連】
日本弁護士連合会

【単位弁護士会】
弁護士は日弁連に加入すると同時に、活動地域の単位弁護士会に所属しなければならない。たとえば大阪弁護士会、東京第一弁護士会等は単に弁護士会である。

護士会で審議されたくないものです。

そのような理由から、弁護士はできるだけ依頼者とはトラブルを起こしたくないですし、また自分のミスが疑われる場面において、簡単に依頼者に責任を転嫁することはできないのです。

3 会計士の意見とセカンドオピニオン

一方会計士、とりわけ会計監査に従事する会計士も、最近は不正を発見できなかった、発見しても適切な行動がとれなかった、ということでミス（職務怠慢や能力不足）の疑いが指摘されることがあります。なかには（ある電機メーカーの減損ルールを適正と表明したことが問題とされる等）会計処理の方法や結果において相当とはいえない、ということで専門家としての判断に問題あり、といわれるケースもあります。明らかにミスがあった場合はやむを得ませんが、世間の会計士への期待と実際の業務とのギャップがあるために、粉飾決算が発覚して、これを長期間監査法人が発見できなかったとなりますと、「会計士の能力上の問題」「お金をもらっている被監査企業との癒着」「監査業務の怠慢」といった疑惑の目を向けられることになります。

ところで、弁護士の場合は「あいつは出来が悪い」とか「リーガルマインドに乏しい弁護士」などと、能力不足を指摘するような批判がされることがあります。しかし会計士の場合には「あいつは会計士としてのマインドがない」とか「会計士としてのスキルに乏しい」といった批判をあまり聞いたことがありません。たしかに時折「会計士としてのマインド不足」という言葉を聞くことはありますが、これは能力の問題というよりも、たとえば「会社寄り」「職業会計士としての独立性の欠如」といった会計士の仕事に対する姿勢に向けられることが多く、能力の欠如と結び付いて語られることはないようです。では、これはどういったことに起因するのでしょうか。

おそらく、会計監査の場面において会計士に要求される能力は、会社の経理上の処理を理解し、適切な仮説を立てて、その仮説が真実であろうといった心証を得るためのテストを行うなかで培われるものだと思います。セカンドオピニオンが存在しない、ということは、監査基準にはある程度の幅があり、会計監査人の監査手続きにはそれほどの差は生じないことを示しているものと思います。だからこそ能力の差やマインドの差というものはあまり意識されないものと思われます。

また、会計士が職務怠慢や能力不足によってミスを犯したとき、「いや〜、会計基準のほうがおかしいんですよ」とか「行政当局の変な審査官にあたっちゃって、おかしな処分を受けちゃった」とはいわないはずです。おそらく、このあたりも会計士の世界にセカンドオピニオンなる概念が存在しないからではないかと思います（**オピニオンショッピング**はあっても、セカンドオピニオンは存在しない、とよくいわれます）。

ではなぜ会計士の世界にはセカンドオピニオンは存在しないのでしょうか。たとえば、会社法上の会計処理については、一般に公正妥当な企業会計の慣行に従うものとする、とされていますが、一つの会計事象に適用される会計慣行は複数存在するようにも思えます。そのような複数の

【オピニオンショッピング】
上場企業が、自社の作成する財務諸表等について「適正意見」をもらえそうな監査法人・公認会計士を探し回ること。

会計慣行が認められるということは、セカンドオピニオンを認めるものになりそうな気もいたします。しかし、会計は真実を映し出す鏡のようなものであり、会計的な真実をどのように照らすかということの選択肢はあっても、真実は一つである、という点は曲げられない、というのが会計上の相対的真実の原則です。セカンドオピニオンを認める、ということは、この会計的な真実すら二つ以上ある、ということにつながってしまうので、否定的に考えられるのだと思います。

結局、会計監査はセカンドオピニオンの存在しない世界、ということで、会計士も被監査企業の財務諸表作成のための会計処理方法は一つであり（多少の処理方法の幅は許容されているかもしれませんが）、結果が異なり得るような会計処理方法が複数存在することは認めないことが前提になっています。たとえば被監査企業の財務諸表監査において、会計士がいったん適正意見を出した場合に、後日過年度の決算修正を行うにあたり、「この修正後の会計処理こそ正しいのであるが、修正前の会社側の会計処理も正しかった」といった前提で物事を考えることはできません。

さて、会計士にセカンドオピニオンの概念が存在していないのであれば、「私の意見表明も正しいのだが、少数派だった。金融庁や日本公認会計士協会の見解が、一般的にウケが良かっただけだ。」ということで他人のせいにはできないはずです。

では、会計監査を担当する会計士は「判断の誤り」をどうやって他人のせいにするのでしょうか。この点、会計士の場合は直接の依頼者である被監査企業のせいにする可能性があります。

「不正を見抜けなかったのは、あなた方が隠したからですよ」

「監査に協力してもらえず、十分な監査のための時間を与えてもらえなかったからですよ」

「監査証拠を十分に提供してもらえなかったため」というあたりが責任の所在をクライアントに求める理由になります。たしかに監査報酬を払っているのは被監査企業ですが、誰のために仕事をしているかといえば、投資家、株主のために監査業務を担当しているわけです（会社法監査であれば株主、会社債権者らのために担当している、ということでしょうか）。そもそも監査業務は被監査企業の全面的な協力があってこそ可能な作業です。したがって、不正を見逃すような場合には、被監査企業に責任の所在を求める立場にあろうかと思います。ときどき上場会社が（粉飾決算が原因で）破たんに追い込まれ、同社の民事再生法上の管財人から監査見逃し責任を追及されることがあります。その場合に「あなた（破たん企業）がきちんと監査に協力しなかったから不正を発見できなかったのです。どうしてあなたが我々の責任を追及する資格があるのですか」と合点がいかないこともあるはずです。

4 最終判断権者としての会計士の仕事

誤解をおそれずに申し上げますと、弁護士と会計士（とくに会計監査人として）の仕事の大きな違いは、最終判断権者の存在の有無にあると思われます。弁護士の場合には、裁判所の調停委員や、昨今よく耳にする独立第三者委員会委員など、特別な職務に従事する場合以外には、事実の認定や法律の解釈において、最終判断権者である裁判官をいかに説得するか、ということに腐心しますので、見解の相違ということがありえます。つまり、自分の職務怠慢や能力不足が指摘されるような事案であっても、裁判官に敗訴の責任を（依頼者への説明の上では）転嫁することが容易になります。

しかし会計監査の場面における会計士は最終判断権者です。その意見表明によって財務諸表、計算書類の制度会計上の意味は完結するわけで、上場会社の場合には上場が維持されることになります。その社会的影響力からするならば、おそらく弁護士には理解し難いほどに、会計士の意見表明のための心証形成には慎重さが要求されるものと思いますし、自己の判断にも確信が必要となるはずです。

もちろん粉飾決算が発覚した場合には、金融商品取引法上の責任を追及されたり、行政当局の処分を受ける可能性がありますが、日常の監査業務においては最終的な意見表明をする立場にあり、その意見を投資家や株主、会社債権者が「プロのお墨付き」ということで信用することになります。つまり会計士自身が表明した意見について、「見解の相違だ」といって責任を回避することはできない立場にあるわけです。

したがって、粉飾決算が発覚したにもかかわらず、自身の能力不足や怠慢によって職業専門家としての責務を全うできなかった場合（具体的には、たとえば一般に公正妥当な監査の基準に準拠して監査業務を行わねばならなかったにもかかわらず、時間不足で十分な監査が困難になってしまい、見切り発車的に適正意見を書いてしまうような場合）、最終判断権者としての立場を固持しながら言い訳を考えなければなりません。

その言い訳というのは、主に①被監査企業が監査に協力しなかった、②監査にミスはなかった（監査基準に準拠していた）、③ミスがなくても粉飾は発見できなかった（監査の限界論）のいずれかによるものとなります。

5

辞任することでミスは隠せるか？

毎年、大手の経済新聞では「企業法務弁護士ランキング」が発表され、同業者および企業法務担当者による人気投票で「この弁護士は優秀」といったモノサシによるランキングが公表されます。弁護士の仕事は裁判実務でも、また裁判外の仕事でも、有形無形の成果品が残ります。したがって他の弁護士との比較が可能ですから、「できる」「できない」（主観的なものもありますが）で評価することができるのでしょう。

こういった弁護士の職務からしますと、仕事上でミスを犯したことを、辞任することによって隠してしまうことはなかなか困難です。後任の弁護士は、前任者では尽くせなかった注意義務を果たすことで依頼者からの信頼を勝ち取ろうとするでしょうし、その際に前任者との能力の差を説明することで報酬を受け取りやすくするでしょう。また仮に後任の弁護士が、依頼者にとって好ましくない仕事をしてしまったとしても、「前任者のミスが響いた」「最初から私に依頼しておけばこんなことにはならなかった」として、むしろ後任の弁護士のミスは前任者に転嫁しやすいことになります。つまり、前任の弁護士にとって、辞任することは自分のミスが指摘されやすい状況を作ることになってしまいます。

しかし会計士の仕事、とりわけ監査業務については「できる」「できない」という評価で「人気ランキング」を競うことはできないものと考えます。本来は弁護士と同様、その能力や仕事への取り組みの誠実さなどから、会計士も、その優秀さにおいて差異化できるはずです。しかしながら、これまでそのようなランキングは見聞したことはありません（ちなみに監査法人内部では、優秀な会計士を区別して、リスクの高い監査対象会社の担当に就かせる、といったことは行われている、と聞き及んでいます）。

ところでもし「優秀な会計監査人ランキング」というものがあるとすれば、それはどのような視点から評価されるのでしょうか。おそらく要領よく監査手続きを進める能力、リスクアプローチの時代にあっては重要な虚偽表示につながるような重大なリスクを発見し、その発見リスクを低減させるための統制手段を厳しく評価できる人たちではないでしょうか。しかしそうなりますと、企業としては、優秀な会計監査人はあまり歓迎しないはずです（厳しい監査をあえて求める会社が存在しないとまでは申しませんが）。また監査法人という組織のなかでチームプレーは要求されても個人プレーは許されない、それが品質管理が監査法人に強く要求される時代の会計士の方々の姿かもしれません。

そもそも会計士の監査業務は、一般的な能力をもっている会計士が、監査基準に従って監査をするのであれば、誰がやっても同じ答えに行きつくべきものであるという、「**保証業務**」が中心

【保証業務】
上場会社等が作成した算定結果や数値、状況の記述に対して、外部の第三者的な専門家が信頼性を付与すること。典型的なものが、上場会社などの財務諸表に対する監査や、内部統制監査である。

になります。したがって、とくに優秀といわれる会計士に依頼しなくても、むしろ普通の財務会計的知見を有する監査人としての職務を全うできる会計士さんに依頼すれば足りる、ということになります（むしろ、優秀な会計士に依頼することで、厳しいチェックをされることは回避したいかもしれません）。

これは、自らのミスを「辞任することによって回避したい」側にとっては都合のよい話です。会社として、本来もっと厳格に監査してほしいのに、能力に問題があって監査してもらえない、といったことはあまり考えられません。むしろ会社としては、適正に財務諸表を作成しているつもりなのに、会計士が不必要に細かいチェックを求める、なかなか適正意見を出そうとしない、といったことから、監査人の交代を考える、ということになります。

したがって株主や投資家は「何か会社側に問題があるからこそ監査人が交代したのではないか」と想像するはずであり、監査人側に問題があるから辞任した、とは考えません。もし会計監査人の能力に問題があったり、怠慢があった場合には、辞任することで回避することができる理由はこのあたりにあります。

6 最善を尽くす義務というけれど・・・

弁護士も会計士も依頼者に対しては最善を尽くす義務があります。これは法的な責務ですが、結果を残す義務ではありません。たとえば弁護士として、ある裁判に勝訴する義務、無罪を勝ち取る義務というものはありません。裁判に勝訴するために、無罪を勝ち取るために最善の努力を尽す義務があります(これは医師が施術において最善を尽くす必要があるのと同じです)。同様に、会計士もまた意見表明のために最善を尽くす義務があり、適正意見を出す義務や、ましてや不正を発見しなければならない義務など法的には認められません(ただし不正を発見するために努力する義務は、状況によって認められる可能性があります)。

しかし依頼者にとって、法律事務や監査業務を依頼した弁護士、会計士が、受託業務について最善を尽くしたのかどうか、見極めることは果たしてできるのでしょうか? たとえば弁護士の裁判業務について、どんなに手を抜いて仕事をしてみても、裁判に勝訴してしまえば(おそらく)依頼者からは喜ばれこそすれ、「あの弁護士はおかしいのではないか」とクレームをつけられることはありません。依頼者に恵まれる弁護士がときどきいます。たとえば勝訴確実な案件ばかり受任できる立場にある弁護士は、クレームを受けることも少なくなるわけで、精神的なストレスもたまりません。

会計士の場合には、もっとはっきりしているのではないでしょうか。つまり、たとえ手を抜いて仕事をしていたとしても、監査に要する時間が少なく、かつ適正意見がもらえるということであれば、監査対象会社から好評を博することはあってもクレームがつくことはないでしょう。「あの監査人はおかしいのではないか」とクレームをつけるべきは株主、投資家ですが、実際の監査業務を見聞していないのですからクレームをつけるだけの情報を入手できません。会計士の(とりわけ監査業務における）怠慢やミスが表に出ないことの理由はここにもあるかと思われます。もちろん最善を尽くして監査業務を行っている会計士の方がほとんどです。しかし、仮に手を抜いて仕事をしていたとしても、粉飾などとは無縁な会社に恵まれていれば、会計士の能力や仕事への誠実さを担保するものはないということです。

たしかに**公認会計士法**には会計士（監査法人）のミスについて**懲戒処分**や**課徴金処分**という厳しいペナルティが設けられています。しかし、懲戒処分の対象となる公認会計士の行為は、実際に虚偽記載事例が発生した場合に不当証明を行ったケースや、会計士としての信用失墜行為、守秘義務違反行為を行ったようなケースが想定されています。つまり会計士による積極的な非違行為がなされなければ処分の対象とはなりにくいので、単純に能力不足やミスによって適正な監査がなされなかった場合（しかも、とくに虚偽記載の報告書を見逃した、といったことでも発生しないかぎり）、抑止的な効果は期待できないと思います。

だからこそ、監査法人には自らの組織の能力を担保する「品質管理」が必要になるのであり、突き詰めて考えますと、会計士には「職業倫理」というものが、とても重要なものになってくるのではないかと思います。

それでは弁護士が自らのミスを他人のせいにしてしまわないよう、つまり弁護士が依頼者のために最善の注意を払って業務を遂行していることを担保するためには

【公認会計士法】
公認会計士・会計士補の使命、職務、監査法人・日本公認会計士協会・監査審査会の制度などを定めた法律。

【懲戒処分】
懲罰的な意味を有する職務上の処分。公認会計士の場合には、金融庁によるもの、日本公認会計士協会によるものがある。

【課徴金処分】
公認会計士・監査法人に対し、違反行為を適切に抑止する観点から利得相当額を基準とする課徴金を賦課（一定の戒告・業務停止、解散命令等を行う場合であって、課徴金の賦課が適当でないと認められるときは、命じないことができる）。

どうすればよいのでしょうか？

おそらく医師の善管注意義務違反の有無を検討するケースと同じように考えられるのではないでしょうか。つまり、医師の過失（注意義務違反）が認定されるためには、残されたカルテを他の医師に見せて、セカンドオピニオンを意見書として提出していただく、また医師と患者との診療開始時点における説明内容を問題にして、そこで説明が十分になされていない場合には過失（注意義務違反）を推定するといった理屈です。弁護士の場合ですと、弁護士が依頼者に事件受任当時にどのような説明をしていたかを明確に書面化しておいて、その説明の内容から過失を判断することが考えられます。また、弁護士が受任した直後から書面化しているすべての書類について、この写しを別の弁護士に精査してもらい、職務上問題がないかどうかを意見書として提出してもらう、といったことも考えられます。これら医師、弁護士の最善の注意を払う義務については、他の医師、弁護士のセカンドオピニオンの存在が前提となります。ここまで徹底すれば、依頼者の望む結果と現実の結果が食い違うケースは起こりやすいことから、弁護士のミス、怠慢は比較的表面化しやすいものと思います。

一方、会計士についてはどうでしょうか。会計監査人も監査開始時点で監査計画を策定しますので、この計画に基づいて監査方針が説明されることになります。しかし、具体的にどのような監査手法が採用されるのか、という点まで詳細に説明されるわけではないので、とくに説明義務違反ということ自体が問題となることはありません。しかし、監査調書は必ず作成されますので、この監査調書の記載に基づいて監査人のミスや怠慢が発見されることはあります。ただ、この監査調書は「門外不出」であり、おそらく裁判所の文書提出命令が出るケースや、行政当局等が検査目的で調べるようなケースでなければ外部から閲覧することは困難です。しかもすでに述べましたとおり、会計監査の世界ではセカンドオピニオンは存在しない、ということになっていますので、仮に監査調書が閲覧できることになったとしても、同業者の公認会計士が、監査基準に準拠して適正に監査がなされたかどうかを意見書で提出することは極めて困難かと思われます。そう考えますと、公認会計士のミス、怠慢が表に出る機会というのは、結果として粉飾決算事件が発覚する、といった事態にならないかぎり、ほとんどあり得ないのではと感じております。

7 重要になる監査法人の品質管理と職業倫理

弁護士の世界では、先に述べたように、全国で多くの会員の懲戒処分が報じられており、そのなかには、弁護士が職務上の正当な注意を怠ったために懲戒されるものもかなり存在します（もちろん、依頼者から預かっている資産を横領したり、一般的な刑法犯によって弁護士の品位を下げたものとして懲戒される「論外のもの」もありますが）。会計士の世界でも懲戒処分に該当するような問題はかなり存在するのではないかと推測されるのですが、これまで述べたとおり、粉飾決算の発覚という、イレギュラーな事態に直面して会計士の法的責任に関する司法判断を仰ぐようなことでもないかぎり、会計士の職務怠慢、能力不足という問題は監査業務の自己完結的な要素のために表に出てこないことが多いように感じます。そこで会計士が監査業務において最善を尽くすことを担保するものは、おそらく事後的審査に属する**品質管理制度**と**職業倫理**に依存するところが大きいのではないでしょうか。

監査法人は法律事務所と比べても、かなり規模が大きいわけで、なかなか個々の会計士の監査レベルを監督することは難しいと思います。スーパースターの集合体ではなく、各会計士がチームプレーに徹して、組織として監査業務を遂行することが求められるわけです。そこで、個々の会計士の監査業務、そして監査法人全体としての監査業務のレベルを一定レベルに維持するためには、監査法人としての品質管理が不可欠とされており、この品質管理が組織として機能しているかどうかは日本公認会計士協会が**レビュー**し、またこのレビューの状況は、**公認会計士・監査審査会（CPAAOB）**によってチェックされることになります。

原則として、会計監査における会計士の意見は自己完結的、最終判断的なものであるために、この監査人の質の確保はとても重要なことです。自分の職務怠慢や能力不足を他人のせいにする会計士が出てこないよう、他律的な視点からチェックを受ける機会が必要となります。

そしてもう一つ自律的な視点からは、職業倫理の尊重ということが挙げられます。会計士の職業倫理といえば、「被監査企業からの独立」という

【品質管理制度】
監査法人・監査事務所等が、自らの組織として、すべての監査が一般に公正妥当と認められる監査の基準に準拠して適切に実施されるために必要な質の管理を行うこと。

【職業倫理】
ある職業に就いている個人や団体が自らの社会的な役割や責任を果たすために、職業人としての行動を律する基準・規範

【レビュー】
主として財務数値の比較分析、および経理担当者への質問からなるレビュー手続を実施し、その結果、財務諸表に重大な修正を要する項目が発見されなかったかどうかという、いわば消極的な発見事項を報告するもの。監査よりも保証レベルが低いといわれている。

【公認会計士・監査審査会（CPAAOB）】
2003年の公認会計士法改正に伴い、2004年４月にそれまでの公認会計士審査会の業務が拡大され設立された。アメリカ合衆国の公開企業会計監督委員会（PCAOB：Public Company Accounting Oversight Board）に相当する組織といわれる。

ことがメインテーマになるかとは思いますが、誠実な職務遂行という面からも捉えることができるのではないでしょうか。

職務の誠実性というのは、かなり漠然とした言葉ではありますが、社会から期待された職業専門家としての職務執行に向けられたものです。会計士も、誠実な対応をもって職務を執行する必要があり、その誠実性は現場において柔軟に検討されなければなりません。今後、職業専門家としての会計監査人の法的責任が問われる機会を増やさないためにも、この会計士の職業倫理にスポットライトがあたり、どのようなことが倫理上問題視されるのか、個別の事案をもとに議論されなければならないと思います。

8 誠実性は外から見えなければいけない

これまで述べてきたとおり、弁護士も会計士も誠実に職務を遂行していることを依頼者（実質的な依頼者を含めて）が外から判断することはとても難しいことです。したがって、少し誇張しすぎたかもしれませんが、弁護士も会計士も手を抜こうと思えば抜けますし、報酬が低いから、時間的余裕がないから、といった理由で普段の半分程度の労力で「やっつけ仕事」として業務を処理することも、誰からも批判されることなく実行できる余地があるわけです。弁護士や会計士の数が増えて、能力の差が激しくなりますと、いよいよ世間でも、こういったことに関心が向くようになるはずです。

今後、社会のニーズに従ってさまざまな分野で専門職が活躍するためには、この誠実性をまずきちんと外に出せる（見える化）ようにすべきです。企業におけるコンプライアンス経営の重要なポイントとして、最近は「自浄能力」が挙げられます。同様に、弁護士や会計士も、問題があれば自らの行動に責任をもつ必要があり、ミスがあれば素直に謝罪し、リカバリーの道を示すべきです。また監査法人も法律事務所も、社会との対話を通じて企業社会における批判や評価にさらされるべきです。

また同業者の間においても、ミスがあったと推測される場合には、その旨指摘することが必要です。

いつまでも「村社会」の理屈は通りません。時代が専門家の誠実性を真摯に評価するようになってきたのです。この点について弁護士、会計士が真正面から真摯に取り組まないかぎり、弁護士、会計士が社会のニーズ（とりわけ企業社会における財務・法務に関わるニーズ）を掘り起こすことはほぼ困難、というしかありません。

4章

事後規制社会に組み込まれる弁護士と会計士

1 はじめに（コンプライアンス経営との関連で）

法定監査を担当する会計士の方々は、大きな組織の会計監査に従事することが本来の仕事なので意外に思われるかもしれませんが、弁護士のなかで「企業法務」を取り扱う弁護士というのは、弁護士全体からみるとごく少数派です。企業法務を取り扱う弁護士は、大きな法律事務所で活躍している方が多く、新聞やマスコミでの露出度も高く、比較的高収入といわれています。したがって司法修習生の就職希望における人気分野でもあります（聞くところによると、かなり修習生時代の成績が良くなければ大きな法律事務所に採用されることも難しくなっている、とのこと）。知的財産法や独占禁止法、海外の企業規制法、租税法など、それなりに専門分野を身につけて、専門訴訟などの実践も積まなければ企業から信頼を得られるものではありません。しかし、企業法務に必要な弁護士像というのは、少しずつ変わってきているのではないかと感じています。

たとえば私の場合でも、一般民事事件や刑事事件を担当していた普通の弁護士から企業法務に特化した弁護士へと仕事の場所を移しました。弁護士になって一五年間は、少年事件や離婚・相続事件、一般刑事、倒産事件なども手掛けていましたが、八年ほど前に、ひょんなことから企業コンプライアンスに興味をもつようになりました。一般民事を手掛けていた一五年間に、問題をよく起こす企業の顧問弁護士として社長の片腕になったり、グレー企業からの依頼で金融機関の強制執行事件を「正当な防御活動」によって徹底抗戦するなかで、コンプライアンス経営の重要性を（まさに裏側から）学ぶ機会がありました。そういったなかで「法令遵守」という言葉の怪しさ、虚しさのようなものも感じました。そのような弁護士としての活動は、主に法廷を通じて行っていましたし、従来は裁判所こそ「弁護士の主たるフィールド」でした。法廷に立ち、熱弁を振るう弁護士像を夢見て司法試験を受けた方も多いと思います。私もそのような一般の方々が想像しやすい弁護士として一五年ほど過ごしました。

企業法務を取り扱う弁護士、つまり企業のニーズに十分応えられる弁護士というのは、専門分野に特化することを目標にして仕事をこなしておられるのが現実の姿かと思います（もちろん大きな法律事務所のなかでも「訴訟班」として大きな企業事件の裁判全般に従事する方もいらっしゃいますが、数はそれほど多くはないはずです）。

しかし時代が変わり、企業のリーガルリスクも変わっていくなかで、必要とされる弁護士像も変容しているのではないでしょうか。つまり一般民事事件や刑事事件、行政事件など、企業法務の世界の外で活躍している弁護士も、その経験を生かして企業法務に従事できる領域が増えているのではないかと思います。

2 弁護士と会計士の本来のフィールド

会計士の本来業務といえば、税務やコンサルタント、不正調査等に従事しておられる方も多いとはいえ、やはり監査業務というものが想定されます。国家資格を保有しなければできないわけですから、監査制度を担う社会的使命は高いものがあり、その分、何か問題が発生すると社会から厳しく指弾されます。弁護士も同様に法律事務を独占し得るわけで、国家資格を保有しなければ裁判代理を務めることはできません（最近は、少しずつ他士業の方にも代理業務が認められるようになっていますが）。

そこで会計士の仕事といえば会社が作成した会計関連の書類をチェックして、その適正性に関する意見を述べること、弁護士の仕事といえば裁判所において依頼者の正当な権利を擁護すること、ということが本来的な業務といえます。

このような本来的業務についてはこれからも変わらないでしょうし、社会から会計士、弁護士に期待されるフィールドであることは間違いありません。試験制度が変わり、それぞれの試験合格者に変動が生じたとしても、本来的業務に対する社会の期待は同じだと思います。

しかし、最近の企業社会の変遷により、こういった本来的業務によって培った会計士、弁護士の知見が、もっと他の場面にも活用されるようになりつつあります。経済のグローバル化が進むなかで、この傾向はますます顕著になりつつあるようです。

3 事前規制から事後規制の社会へ

「失われた二〇年」という言葉が象徴するように、一九九〇年初めにバブルが崩壊した日本では、その後始末に失敗したといわれています。従来の企業社会では、金融機関の「**護送船団方式**」に代表されるような、行政による事前規制に企業は守られていました。右肩上がりの経済成長のなかで、企業のリスク管理は、行政による細かな事前規制に従いさえすれば十分であり、規制面における経済的効率性にも資するものでした。いわば法令遵守という概念も、行政指導を含め、細やかな行政による事前規制に従うことに注力することを指し、コンプライアンス経営とは、細かな法令や指導に対応することで足りるものと考えられていました。

このような事前規制社会では、もし規制に反する企業行動があれば、行政当局は国民の安全を速やかに確保するために、事前規制手段（許可取り消し、販売停止等）を積極的に行使することになります。

しかし民間活力によって長引く不況を乗り切らねばならない、税負担の縮小により国民の負担を軽減しなければならないということから、「小さな政府」への転換が求められ、また「**ノーパンしゃぶしゃぶ事件**」に代表されるような、事前規制社会の弊害も世間の批判を浴びるようになりました。そして一九九〇年代後半には、企業社会

【護送船団方式】
日本の特定の業界において経営体力・競争力に最も欠ける事業者（企業）が落伍することなく存続していけるよう、行政官庁がその許認可権限などを駆使して業界全体をコントロールしていくこと。

[ノーパンしゃぶしゃぶ事件]
1998年に発覚した大蔵省接待汚職事件において、銀行のMOF担（大蔵省とのパイプ役）と呼ばれる行員が旧大蔵官僚の接待にノーパンしゃぶしゃぶ店「楼蘭」を使っていたことがマスメディアに暴露された事件。官僚接待への批判が高まり、旧大蔵省が財務省と金融庁に解体されるきっかけとなったといわれている。

への規制方法も大きく変わることになります。企業の自由な事業活動を認め、そのかわり事前規制に代替するものとしての「自律行動」を企業に求め、それでも規制に反する行動があった場合には、厳格なペナルティを課すことで対応するという、いわゆる「事後規制の社会」へと変容してきたのです。何か問題が生じればメインバンクに頼る、という慣行も、株式の持ち合い解消が進むにつれて失われつつあります。まさに企業には「自律的行動」が求められる時代になりました。

法の世界において、その象徴となるのが**平成一七年改正会社法**でした。また法と会計に関連するものとして、その象徴といえるのが平成二〇年から施行されている金融商品取引法上の内部統制報告制度です。

経済の活性化を図るため、平成一七年改正会社法は機関設計の自由度を上げ、また定款自治による企業経営の余地を大幅に認めました。資金調達面でも新しい株式の種類が認められ、組織再編の円滑化も図られています。いわば経営の自由度が大きく認められるようになりました。しかし、株主や会社債権者の利益保護を規整すべき会社法としては、企業の経営の自由度を向上させた一方で、業務の適正を確保するための体制作りを促す、つまり、企業の自律的行動を求めました。たとえば内部統制やガバナンスに関する規制です。

また、有価証券報告書を提出している企業を対象としたものではありますが、金融商品取引法は内部統制報告制度を新設し、経営者には財務報告の信頼性を確保するための内部統制報告書を提出させ、会計士に内部統制監査という新たな監査業務を求めました。「プリンシプルベ

【平成17年改正会社法】
平成18年５月から施行された新しい会社法。これまで「会社」の法律というのは、商法、商法特例法、有限会社法などで個別に規制されていたが、これが現代語に対応したものとなり、「会社法」という法律に一本化された。定款自治、機関設計の多様化、事業再編の自由化等、主に企業の営業活動の自由化に資する改正が多く含まれている。

ース（原則主義）」に基づく本制度は、たとえ会計不正事件が発生していない場合でも、財務諸表作成において将来的に重要な虚偽記載をしてしまう危険性がある場合には、その危険性（開示すべき重要な不備）を報告するように求めています。たしかに内部統制を評価したり、監査する基準は設定されていますが、具体的な評価は、自社でガイドラインを定めたうえで合理的に行い、またこれが監査の対象となります。まさに企業開示制度を通じて、企業の自律的機能の発揮を促しています。

このように、弁護士や会計士を取り巻く企業社会の環境も、事前規制社会から事後規制社会への変容のなかで大きく変わろうとしています。

4 事後規制社会と企業の自律的行動への関心

ところで、このような事前規制が存在していた分野について、企業の自律的行動が期待されるのであれば、その努力が報われるものでなければ自律に関するインセンティブが企業には生じないはずです。たしかに事後規制としてのペナルティがあるにせよ、違反行動をとった企業すべてに平等にペナルティを課すことは事実上困難です（もし平等にペナルティを課すことを目的とするのであれば、調査や審査のための行政機関が肥大化し、結局「小さな政府」の実現を阻害することになります）。そこで、自律的な行動に出る企業が「正直者がばかをみる」結果になってしまっては元も子もありませんので、企業が自律的行動に出るためのインセンティブが必要になります。

たとえば食品販売会社の場合、細かな事前規制を遵守していなければ販売停止処分を受けることになります。これを企業の自助努力に期待するとなると、まじめな会社であれば（たとえ食品事故が発生しない場合であっても）安全対策のための費用を十分に投下するでしょう。しかしそうでない会社であれば、自律的な行動が期待できないため、食品事故が発生した後に初めて危機管理の対応をとることになります。安全対策を怠っていたとしても必ず食品事故が発生するとは限らないわけですから、経営トップとしては、事故が発生しないことに賭けて、その分安価に消費者へ食品を提供しようとするかもしれません。こうなりますと、およそ食品事故が発生しないかぎり、まじめな会社は価格競争に負けて、不誠実な企業ほど市場を支配することになります。

たしかに事故が発生した場合には厳罰が用意されているのですから、その抑止的効果によって不誠実な企業行動は抑制されるかもしれません。しかし「やったもん勝ち」的な風潮は削除していく必要があります。いくらペナルティを厳格にしても、また司法的救済によって被害弁償が図られても、国民の生命、身体、財産の安全が不誠実な企業の行動によって侵害されてしまうことには変わりありません。行政はこれを企業の自助努力でなんとか止めようと考えます。つまり、ここで必要なのは行政規制的発想であり、司法規制的発想ではありません。

行政規制的発想とは「事故が発生してからでは遅すぎる。どうすれば消費者が食品事故に巻き込まれないで済むのか」という事故予防的発想です。我々弁護士は、どうしても司法規制的発想、つまり事故が発生した場合には、どうすれば被害者の救済が確実になされるか、もしくは（逆に企業側からみた場合には）どうすれば会社が不法行為を問われないか、といった発想をしてしまいます。

しかし、事後規制社会の中で、企業活動の自由を最大限認めたうえで、事前規制の役割を企業の自律的行動に委ねるのであれば、この発想の転換も必要となるわけです。これまで行政によって守られてきた消費者、投資家、地域住民、そして従業員の生命、身体、財産の保護を、企業自身が守っていかねばなりません。「やったもん勝ち」の社会が形成されてしまうことを防止し、事故の発生を最小限度に抑える社会を構築する必要があります。だからこそ企業の自助努力が必要となり、もしこれを怠った企業に対しては、たとえ大きな事故が発生していなくても、国民から企業に対して大きな批判が向けられるシステムが必要になります。

そこで、事後規制社会へ移行するにしたがって、国民の関心は自然と「企業の自律的行動」（企業の自助努力による自主的な事前規制）に向けられることになります。規制緩和が進む社会において、これは当然のことです。

5 ソフトロー時代とレピュテーション（評判）

会計監査の世界では、すでに昭和四〇年代から内部統制という言葉が使われていましたが、世間一般に内部統制という言葉が広がるようになったのは、一九九〇年代後半からだと思われます。

【レピュテーション】
企業ブランドに対する社会からの評価や信用

たとえば平成一二年には有名な**大和銀行事件**の大阪地裁株主代表訴訟判決が出て、役員のリスク管理体制の整備義務違反が問われました。また自社役員らによる不祥事を適切に公表しなかった役員らに損害賠償責任を認めた**ダスキン事件**株主代表訴訟大阪高裁判決も、(判決自体は平成一八年のことですが)平成一三年当時の取締役会における取締役や監査役の自律的行動の欠如を問題視しています。企業自身が不祥事に向き合う姿勢が法的責任に結びつく時代になりました。

こういった司法判断は事後規制の話です。厳密に取締役の任務懈怠(善管注意義務違反)を認定したうえで、国家の強制権力(裁判権)をもって企業の不誠実な対応が検討された結果です。先に述べたとおり、事故(損害)が発生した後始末の問題であり、役員の法的責任を検討することは従来からの弁護士の職務としては当然のことと思われます。

しかし事前規制的発想からするならば、事故や事件が起こってからでないと責任追及ができない、というのでは遅すぎます。事故や事件が起こらないために企業がなにをしているのか、何も対策を講じていない企業の製品を国民から遠ざけるためにはどうしたらいいのか、せめて国民が自己責任として、これらの製品を遠ざけるための情報は開示されなければならないのではないか、という発想が求められます。そこから、ソフトロー、レ

[大和銀行事件]
大和銀行(現りそな銀行)ニューヨーク支店において、同行の行員が無断かつ簿外に米国財務省証券の取引を行って11億ドルの損失を出し、この損失を隠蔽するために顧客、大和銀行所有の財務省証券を売却して、大和銀行に11億ドルの損害を与えた事件。同行は、この損害を米国当局に隠匿していたとして、刑事訴追を受けた複数の訴因の一部について有罪の答弁をし、罰金3億4000万ドルを支払った。損失が最初に発生した1983年から事件発覚まで12年を要した。これに対して株主が、巨額損失に対する損害賠償責任として経営陣に計14億5000万ドルの支払いを求めた株主訴訟を提起した。

[ダスキン事件]
大手清掃用品レンタル業「ダスキン」が運営している「ミスタードーナツ」の肉まんに、食品衛生法で使用が認められていない食品添加物が混入していたが、同社の一部役員が、これを隠して販売を継続していた。また、公表前に使用を指摘した大阪府内の建築会社に6300万円を支払っていた。ダスキン経営陣は、これらの事実を認識した後も、外部から指摘を受けるまで公表しなかったため、株主らは、ダスキンのブランドが落ちたことで損害を受けたとして株主代表訴訟を提起した。

ピュテーションリスクという概念が注目されるようになります。

ソフトローという概念は、すでに学術的な研究もなされています。私なりに理解しているのは、国家権力によってルールの実現が強制される、いわゆるハードローではないけれども、社会からの影響力によって事実上従わざるを得ないような社会規範を指します。たとえば企業を取り巻くソフトローということでいえば、証券取引所の自主ルール、業界団体が定める行動規範、行政が定めるパワハラガイドラインなど、ハードローにかなり近いものから、取引先による取引停止、格付け機関による評価、株価の推移、消費者による評価など、行為規範の中身はやや不明確ではあるものの、事実上企業行動に影響力を及ぼし得るものまで、さまざまなものがあります。事後規制的社会において、ペナルティの厳罰化だけでは対処しきれない問題には、こういったソフトローによる対応が（おそらく）効果的です。

さらに、行政が手厚く国民の生命、身体、財産を保護してくれる時代ではなくなったとすれば、国民にも「危ないものには近寄らない」といった自助努力が求められます。きちんと情報を入手して、企業の姿勢を把握したうえで、自分たちの生活の安全を最大限尊重する企業の製品こそ購入する努力をしなければなりません。一番手っ取り早い情報は、企業の自律的行動であり、コンプライアンス的な発想からすれば「企業の自浄能力」を評価できる事実です。しかし当然のことながら、国民や消費者が単独で情報を入手する方法には限りがあります。したがってマスコミの力を借りる、SNS（ソーシャルネットワークサービス）に代表されるようなネット情報を活用する、消費者庁はじめ消費者保護団体による情報提供を活用する、ということになります。

そこで国民の間で情報共有されるものがレピュテーション（企業の社会的評価）です。企業が本当に安全な商品を世に送り出すのかどうか、社会に迷惑をかけてしまう商品を売って利益を出しているのではないか、大きな事故を起こすのではないか、という点は明確にはわかりません。しかし、事前規制的発想からするならば、国民の生命、身体、財産の安全を侵害するリスクを遠ざけるため（事故そのものを発生させないため）には、企業自身の姿勢（誠実性）から判断するしか国民には方法がないのです。

このような、企業を取り巻く社会的な背景事情から、企業のレピュテーションは企業価値の一部となり、これを守るために企業は必死になります。すでにレピュテーションは企業行動に強い影響力をもつものとして、自律的行動を規整するソフトローになりつつあるように感じています。企業の自律的な行動を引き出すために、ソフトローがますます活用される時代が到来することは間違いないでしょう。

6 生活者の企業観の変遷（ブログ記事より）

企業のレピュテーションを守ることの重要性を理解していただくために、ここで興味深い「生活者の企業観の変遷」に関する私のブログ記事をご紹介いたします。

2012年3月13日

生活者の企業観の変遷と「企業不祥事の公表」について考える

一部の新聞でも報じられておりますが、2012年3月、財団法人経済広報センターさんが、第15回生活者の企業観に関する調査結果を公表しておられます。「企業を信頼できる」と回答した方が43%（前回よりも8ポイント下落）と、調査以来初めて下落したそうであります（朝日新聞ニュース）。朝日が報じているように、おそらく昨今の企業不祥事のイメージが生活者の意識に残っていることによるものかと思われます。

個別のアンケート集計結果のなかで興味深いのは、「企業からの情報で不足していると思われるものは？」との問いに対して、「不良品や不祥事に関する情報」で57%と最も多く、次いで、「企業の社会的責任に関する方針・行動指針に関する情報」（38%）、「企業理念やビジョンなど、経営の考え方に関する情報」（37%）とのこと。その一方で生活者の方々は、商品・サービスを購入する際、何を重視して決めるのか、という問いに対して「不祥事を起こしていない企業の商品・サービスを優先して購入を決める」（2011年度27%、2010年度21%）との回答が増えております。

つまり生活者にとってみれば、不祥事を起こした企業は、その不祥事情報は誠実に公表してほしい、と願う反面、不祥事を起こした企業の商品は買わない傾向にあるわけでして、企業業績に及ぼす影響を考えるならば、（できることなら）不祥事を隠して商品を売る、というインセンティブが企業に働くことが考えられます。とくに消費者の安全・安心に関わる商品であれば、不祥事情報は商品の売上に直結するものでしょうから、「できることなら墓場までもっていく」つもりで自社の不祥事は隠したいところでしょう。

もちろん本当にバレる可能性がないのであれば、（取締役の信用回復義務なる発想がそもそも出てこないわけですから）それはもはや法律の世界ではなく、企業倫理や経営理念、トップの経営方針によるところの話だと思います。しかしこれだけ内部告発やネット上の犯人捜しが横行する現代社会において、本当に墓場までもっていける不祥事がどれだけあるのでしょうか？2012年3月12日の日経「法務インサイド」でも話題になっておりますように、急激なＳＮＳ（ソーシャル・ネットワーク・サービス）の発展によって犯人探しがあっという間に展開されます。

それでは不祥事を公表することで事業自体が継続できなくなる可能性が高いケース、逆に公企業に近い法人で、不祥事隠しが非難されて信用が落ちても、売り上げが落ちない企業のケースではどのように考えればよいのでしょうか。

こういったケースでは、レピュテーションリスクのおそろしさを経営者が共有できないため、不祥事を隠すことへのインセンティブが高まるように思われます。しかし「不祥事の公表」は企業の隠ぺい体質を体現するものとして企業の社会的評価に関わるリスクと考えられるだけでなく、企業による情報提供の一環ともいえるものと思います。企業が財やサービスを国民に提供している以上、その商品を世に出す企業は（通常の耐用年数に至るまで）国民の生命、身体、財産の安全を確保する義務があります。たとえば商品リコールは、企業だけで判断するものではなく、国民との情報のやりとりのなかで国民と一緒に（その要否および原因を）判断する、というアメリカの思想があります。企業が国民に情報を提供しない、ということは、当該企業が世に出した製品の安全性を保証しないことを意味するのであり、**パロマ工業事件**刑事事件判決のように経営者には厳格な法的責任が認められる場合が生じます。これはリスク管理の領域を超えて、企業経営の根幹に関わる問題だと理解しております。

「不祥事」といっても、公表しなければならないほどの重要性があるケースはそれほど多くないと思いますが、たしかに上の調査結果からすれば、不祥事を発生させてしまった企業の商品は（公表することで）一時的には売れなくなってしまうかもしれません。しかし「自浄能力」のある企業であることを発信すれば、市民と企業との間における信頼関係を、かろうじてつなぎとめ、名誉挽回のチャンスは訪れるものと思います。いっぽうで、不祥事を公表しないと決定したことが後日（外部への告発等によって）発覚する企業では、もはや社長がなんと弁解しても国民からは信頼されず、社会的責任を全うできない企業、というイメージがいつまでもつきまとうことになるかと思われます。

[パロマ工業事件]
パロマ工業（当時は製造子会社）が1980年４月から1989年７月にかけて製造した一部の湯沸器について、同排気ファンの動作不良を原因とする一酸化炭素事故が1985年１月より20年間で全国で28件（2007年10月13日時点）発生した事件。同社元社長等は、本件事故により業務上過失致死罪で有罪判決を受け、また同社は遺族による損害賠償請求訴訟事件で不法行為責任が認定されている（ただし地裁判決）。

7 事前規制の代替案（弁護士、会計士を活用する）

ところで、上場会社等、比較的規模の大きな会社の企業法務に携わる弁護士や会計士にも、事前規制的発想が求められる時代になりつつあります。

これまでは国民、消費者という言葉を多用してきましたが、たとえば企業のステークホルダー（利害関係者）はこれにとどまりません。とりわけ上場会社については、ステークホルダーです。株主や投資家ということでいえば、株主も投資家も、国民という概念では収まりきれず、海外の投資家や株主の利益保護という面も含まれますので、ひいては日本の証券市場の健全性を確保して、国益を向上することまで事前規制的発想が要請されます。

市場の健全性確保という側面からは、**証券取引等監視委員会**の近年の活躍には目覚ましいものがあります。開示情報をもとに、おかしな企業の動きはないか、投資家をだますような情報が流れていないか、相場操縦やインサイダーのように不公正な取引がなされていないか、ということを厳しくチェックしています。

株式の発行企業に、一律に厳しい事前規制をかぶせてしまえば、まじめに事業に取り組んでいる企業には過度の負担をかけることになり効率的な経営を阻害します。効率的な事業経営を保証したうえで、なおかつアウトロー的な事業経営に走る一部の企業を取り締まるためには、どうしても後追い的な規制に頼らざるを得ないのであり、今後もますます監視委員会

【証券取引等監視委員会】
1992年に設立された証券取引を監督する機関。委員長と２人の委員によって構成され、さらに委員会のもとには400人程度の事務局もおかれている。インサイダー取引、風説の流布など、証券取引法に違反する行為はすべてこの委員会が監視、通報の処理を行っている。捜査の権限が与えられておらず、また組織上も、金融庁所管の「審議会」の位置づけであるが、刑事事件処理、課徴金賦課の実務において存在感は年々増している。

の活動には注目されることになると思います。

しかし監視委員会の組織が充実してきたとはいえ、人的スタッフには限りがあり、どうしてもすべてを網羅的にチェックできないことは否定し難いところです。そこで、「そもそも市場で悪いことをしないような企業の体制を整えるためにはどうすればよいか」という事前規制的な発想から、弁護士や会計士に期待が寄せられることになります。まじめな企業に対して一律に厳格な事前規制をかけるよりも、リスクアプローチの手法によって「リスクの高いところには重点的に対応し、そうでないところへは軽めのチェック」で足りる、という手法のほうが効果的かつ効率的です。

実際、すでに弁護士や会計士が事前規制的発想に組み込まれているものもいくつかあります。

一つは**社外役員制度**の活用です。たとえば上場会社の場合、法律もしくは証券取引所の自主ルールによって監査役会の設置が求められていますので、最低二名の**社外監査役**が必要です。この社外監査役には弁護士や会計士が就任するケースが増えています。平時のリスク管理体制として、社外監査役に職業専門家が加わることは、細かな事前規制のルールに頼るよりも効率的であり、株主や投資家の利益保護という観点からも有効な施策といえるでしょう。ただし、単に弁護士や会計士だから、ということだけでは足りず、社外

【社外役員制度】
株式会社の取締役や監査役であって、現在および過去において、当該株式会社またはその子会社の取締役や従業員ではない者を役員の構成員として採用するコーポレートガバナンスの仕組み。

【社外監査役】
株式会社の監査役であって、現在および過去において、当該株式会社またはその子会社の取締役や従業員ではないもの（正確には会社法２条16号参照）。

【独立性】
会社から報酬を受領しているが、その行動において経営執行部の指示命令に左右されない意識や立場のこと。

【利益相反状況】
会社と株主との利益が相反する経営判断を行う場面では、取締役は株主の利益に十分に配慮しなければならない立場にある。しかし往々にして会社の利益を優先しがちになるために、注意が必要である。

役員が保持すべき**独立性**の意識や、**利益相反状況**への感覚などは持ち合わせていなければなりません。

次に、内部統制報告制度（とりわけ内部統制監査制度）を担う会計士の役割です。すでにご紹介したとおり、平成二〇年から内部統制報告制度が施行されています。これは財務諸表の信頼性を確保するために、有価証券報告書提出会社の内部統制の有効性を経営者自ら評価して、年一回報告書を提出する制度です。この制度は（いろいろと批判もありますが）原則として将来にわたり、企業が適正な財務諸表を作成し提出する能力があるのかどうかを投資家に開示するもので、企業の**統制環境**についても有効性評価が求められています。いわば経営陣の経営に対する姿勢をチェックすることになりますが、これに対しては会計士（内部統制監査人）が、内部統制報告書のチェックを通じて監査することになります。つまり会計不正事件を起こさないようにガバナンスがしっかりしているか（統制環境が良好か）どうか、たとえ不正事件が発生しても、早期に対応できるガバナンスかどうかをチェックする機会となります。そもそも報酬をもらっている監査対象会社のガバナンス評価など、果たして会計監査人に現実にできるのだろうか・・・という素朴な疑問も湧いてくるところです。たしかに、「この会社の社長はワンマンであり、他の取締役や監査役はイエスマンばかりであって、何らガバナンスが効いていない、したがって開示すべき重要な不備がある」と、最終的に意見を述べることは、現実には無理かもしれません。しかし会計監査人と経営者との協議では、ぎりぎりのところまで双方の主張を付き合わせて、会計監査人の最終判断に至ります。たとえ会計監査人の最終判断が会社の判断を容認したものであったとしても、

【統制環境】
不正を起こさない、もしくは起こしても早期に発見できるような経営管理体制全般を指す。

そこに至る妥協の経過のなかで、会社側も会計監査人の要望や指摘をある程度受け入れることが考えられます。したがって、会計監査人は積極的に内部統制監査に取り組むべきものと考えます。

また、昨今いろいろな企業不祥事で話題となります**「第三者委員会」**も事前規制的発想の延長線上にあります。大きな不祥事が発生して第三者委員会が設置されますと、マスコミはその報告内容から、どのような事実が認められ、誰の責任があるのか、あたかも裁判所で判断された事実かのように報じます。しかし誤解のないように申し上げますが、第三者委員会の事実認定や責任判断は、あくまでも限られた証拠と、限られた時間のなかで行われるものであり、いわば企業の自浄能力の一つとして世に示されるものにすぎない、ということです。つまり、企業が自主的に不正を調査し、自主的に関係者の責任追及を行うことで、ステークホルダーに降りかかった不利益を取り除き、ひいては企業の信用を維持するためにあります。第三者委員会の報告内容に不服があれば、企業でも役員でも、事後規制的発想によって裁判所で堂々と主張すればよいのです。また株主や、損害を受けた第三者は、委員会報告書の結果にかかわらず訴訟を提起すればよいのです。

事前規制の代替手法として第三者委員会が活用されるからこそ、委員は一生懸命に不祥事の原因分析を行い、組織的な構造に問題があれば、その再発防止策を提案することになります。二度と同じ不祥事を起こさないためにはどうすべきか、その方策を提言することも第三者委員会の重要な任務になります。

【第三者委員会】

第三者委員会というのは、法律上の根拠に基づくものではありませんが、企業不祥事が発生した際に、不祥事の事実調査、原因分析、関係者の責任判断、再発防止策の提言などを行う目的で、会社側が任意に設置する組織。会社と役員との間に構造的な利益相反が生じた際に、株主の共同利益を守るために設置されることもあるが、主に企業不祥事発生（もしくは発覚）時に設置される。

8 法化社会に必要な弁護士・会計士像

企業のレピュテーションを維持することが重要になるにつれて、事前規制的発想に基づく会計士、弁護士の職域は広がるはずです。何か問題が発生するたびに、細かいルールが復活し、まじめに事業を営んでいる企業にすら強制的に事前規制の網をかぶせるよりも、リスクの高い企業にだけ効果的な事前規制の代替手段を施すほうが、企業にとっても安上がりです。これから「リスクの高い企業」もしくは「リスクの高い企業活動」をどのように合理的に選定していくのか、そこに知恵を絞ることが求められてきます。

ただし、そこで要求されるのは、企業法務や企業会計の難しい専門知識ではありません。むしろ一般的な監査実務、裁判実務で培ったセンスが求められるのであり、当該会社、当該業界を知ろうとする熱意こそ必要になるものと思います。事後規制的発想による企業法務の世界では、今までどおり大きな法律事務所の専門的知見に富んだ弁護士の支援が必要となりますが、事前規制の代替手法として弁護士が必要とされる場面では、むしろ理屈や倫理、管理会計のスキル、事実認定のスキルなど、一般裁判実務会計監査実務で培われた能力こそ必要となります。

なお、会計士や弁護士が事前規制的社会に活用されるべきとする理由は、何も「規制強化」的な発想からだけではありません。ご承知のとおり、事前規制的手法では、いったいどこまでが違法でどこまでが適法なのか、その線引きが難しいわけで、昨今のコンプライアンス経営を重視する時代になりますと、どうしても企業の行動は萎縮的になってしまいがちです。経営判断が萎縮してしまうことはビジネスチャンスを逃すことになります。これは事業成長にとってマズイことになります。したがって弁護士や会計士の活用を通じて、どこまでが問題行動であるのか、その線引きを行い、営業の自由をきちんと確保したうえで経営戦略に活かす必要があります。

企業法務の世界に、もっと多くの弁護士が参画するべきではないかと考える所以はここにもあります。

5章

会計士から嫌われる「第三者委員会」と「金商法一九三条の三」

1 不祥事発生企業における第三者委員会

　会計不正事件に限らず、最近は企業や公共団体、医療機関、学校法人などでさまざまな不祥事が発生もしくは発覚した場合、外部の有識者に委員に就任してもらって調査委員会を設置するケースが増えました。不祥事を起こした組織との利害関係をもたない第三者が、不祥事の調査、原因分析、再発防止策、そして必要があれば関係者の責任判断まで担当します。不祥事発覚によって有事に至った企業が、自ら厳正な対応をとっていることを公表することが狙いです。また企業を取り巻く多くのステークホルダーへの説明責任を尽くすためにも有効だといわれています。

　とくに最近の**オリンパス事件**、**大王製紙事件**でも、両者とも不祥事が大きく報じられる前後において、速やかに第三者委員会を設置し、調査報告を速やかに行っています。オリンパス事件では、詳細な損失隠し、解消スキームの内容が判明するわけですが、この事実解明とは別に、各取締役、監査役、監査法人の責任判定のために別途（委員の構成を変えて）「責任調査委員会」が設置されました。

　このような不祥事発生、発覚時における第三者委員会の設置は、とくに法律

［オリンパス事件］
オリンパス株式会社が、財テク失敗による巨額の損失を「飛ばし」という手法で10年以上の長期にわたって隠し続けた末に、これを飛ばし解消スキームによって不正な粉飾会計で処理した事件。2011年、雑誌FACTAのスクープとイギリス人社長の早期解任をきっかけに明るみに出て、大きな注目を集め株価も急落、会長らは辞任、オリンパスは上場廃止の瀬戸際に立つことになった。なお、同事件は未だ解明されていない点も多く、海外司法当局の動きなどが注目されている。

［大王製紙事件］
大王製紙の創業家経営者である元会長が、2010年４月から2011年９月までの総額で100億円を超える金を不正に引き出していた事件。経営者辞任から刑事事件に発展した。上場企業の創業家経営者が個人的なカジノの賭け金のために子会社から多額の資金を引き出して、会社に損害を与えた事件として注目された。

によって定められたものではなく、あくまでも会社側の必要性に基づいて設置される任意の組織です。しかし企業にとって第三者委員会に対する関心はとても高いものがあり、セミナーなどで「第三者委員会設置に関するノウハウ」のようなものを開催しますと、企業の実務担当者の方がたくさん参加されます。法に基づく委員会であれば、いろいろと参考となるマニュアルもありますが、任意に設置されるものということで、マニュアルもほとんど見当たりません。また不祥事発生という、企業としては他言できない事柄に関連していますので、「君の会社、たしか第三者委員会を設置していたけど、どうだった？」とはなかなか聞きづらいところです。したがって、セミナー参加者が多いというのは、実際に委員に就任したことのある専門家などから、第三者委員会設置とその活動に関する実態を聞いてみたい、と切望される方が多いことによるものと思われます。

2 第三者委員会に対する社会からの評価は？

企業にとって関心の高い「第三者委員会」制度ですが、任意の組織であるがゆえに、中身もよくわからないところがあるのも事実です。

二〇一〇年に、日本弁護士連合会は**第三者委員会ガイドライン**を作成して、委員会設置の目的や委員としての行動規範を明示しました。これは第三者委員会制度が社会的に認知され始めた頃

【第三者委員会ガイドライン】
日弁連が、委員会の目的や委員の資格要件、行動指針等を明記して、不祥事発生企業に設置された第三者委員会向けに策定されたガイドライン。そのなかで、委員は会社や会社経営者のためではなく、ステークホルダーのために調査活動を行うことが明記された。

に、「第三者委員会と称している割には、どうも会社もしくは特定の会社役員の責任回避のための隠れ蓑として活用されているケースもあるのではないか」といった批判が出てきたことに対応したものです。つまり、第三者委員会の社会的役割を明確にして、委員会の信用性を高めることに寄与するよう指針が策定されました。日弁連が策定した理由は、おそらく第三者委員会の委員に就任する者の多くが弁護士だから、ということによります。

ガイダンスでは、委員の行動規範として、実際に調査等を依頼し、委員に報酬を支払う企業の利益（リスク管理）のため、というよりも、企業を取り巻くステークホルダー（利害関係者）の利益のために行動することが明示されています。これは我々弁護士にとってはとても驚くべきことです。弁護士は依頼者の利益を最大限に擁護することをもって社会的正義の実現に寄与する、ということが求められており、報酬を頂戴した依頼者のために最大限の法律サービスを提供することを所与の前提として仕事をしています。したがって、お金をいただく依頼者の背後に存在する「実質的依頼者やステークホルダーのために仕事をせよ」といわれましても、（そのような感覚には慣れていないので）どう対応してよいかとまどってしまうのが実際のところです。この制度は日弁連のなかでも相当の議論があり、公表されるまでに侃侃諤諤の審議がなされました。そういった議論の末に、ガイドラインには「ステークホルダーのために行動する」ということが明示されたのです。なお、このガイドラインの策定には、金融庁や証券取引所も大いに賛同し、その企画段階から期待が寄せられていました。おそらく不祥事発生企業自身や、問題を抱える企業の役員個人の利益擁護に偏った弁護士活動によって、市場の健全性確保のための規制に支障が生じることが懸念されたからだと思います。最近は証券取引所の適時開示情報（たとえばＴＤｎｅｔにおける開示情報）として、不適切な会計処理が発覚した上場会社が第三者委員会を設置したことや、調査後の委員会調査結果の報告（全文または要旨）をリリースすることが増えましたが、そこには「当委員会は、日弁連の第三者ガイドラインに準拠して委員会活動を進める（進めてきた）」と付記されることが多くなりました。

ただ、こういった日弁連ガイドラインが策定され、このガイドラインに準拠していると明示された第三者委員会が増えているにもかかわらず、企業サイドとしては、その独立性・公正性に関して未だ懐疑的であることも真実です。

「経営者から完全に独立した委員会といっても、しょせんは経営者がどこからか委員候補者を見つけてくるわけですよね？　要するに自分たちに手心を加えてくれそうな弁護士でないと安心して依頼することなどできないのではないでしょうか？　どうもそのあたりはステークホルダーだって疑問に思うのでは？」といった質問をよく受けます。

たしかにこれは本制度の最大の課題かもしれません。日弁連ガイドラインの示す第三者委員会委員の役割を厳格に果たそうとしている弁護士が、どれだけ不祥事企業に受け入れられるのかは疑問も残ります。日弁連ガイドラインの生みの親でもあり、**山一證券損失飛ばし事件**をはじめ過去の著名事件で何度も第三者委員会の委員として活躍された國廣正弁護士が、日経新聞のインタビューで「依頼の打診に来る企業も多いけれども、私はこういったやり方で委員として活動します、と説明をすると、三件のうち二件は依頼するのをやめてしまいます」と正直に語っておられ

［山一證券損失飛ばし事件］
1997年11月、巨額の簿外損失を隠していたことが発覚し、東京地検特捜部は翌年３月、複数の経営幹部を逮捕した事件。法人としての山一証券は、破たんを理由に立件が見送られたが、約2700億円の粉飾額は日本長期信用銀行の約3000億円が明るみに出るまで過去最高額であった。

ました。

また、オリンパス事件を最初に告発した山口義正氏が著書『サムライと愚か者暗闘オリンパス事件』（講談社、二〇一二年）のなかで、オリンパス社が（お尻に火がついてしまった状況のなかで）第三者委員会の委員候補者を選任するときの状況を描いています。オリンパス社は損失隠し解消スキーム実行の一環として、二〇〇九年に国内の三つの会社を買収するわけですが、この買収価格や買収決定手続きが適正なものである、ということを「第三者委員会」を活用して正当化しようとした経験があります。二〇一一年の不正発覚時、これと同じことをやろうとして、オリンパスの現役の幹部が奔走し、五人の弁護士と一人の会計士を委員として選任しました（なお、コンプライアンスで著名な弁護士のところで依頼にうかがったところ、あまりの対応の厳しさに依頼をひっこめた、というエピソードにも触れています）。これでオリンパス社の当時の秘書室長は、自分たちに都合のよい調査報告書をまとめてくれる人選ができたと喜び、「これで大丈夫だ」と吹聴して回った、とあります。

結局、オリンパスの人選による第三者委員会は、同社の予想に反して厳しい事実認定や組織への評価を下すことになったわけですが、先の国廣弁護士の語っているところや、このオリンパス事件の一連の経過をみても、やはり委員会設置にあたり、不祥事企業の経営者のホンネの部分が垣間見えてきますし、経営者の意図に沿った委員会活動を行う法律事務所も出てくるのではないか、との不安はぬぐいきれないのが現状です。

3 会計士と第三者委員会

このような不安な面も抱えながらも、それでも世の中でこれだけ第三者委員会が設置されているわけですから、その需要が多いことも事実です。現にオリンパス損失隠し、解消スキーム事件では、オリンパス社に厳しい第三者委員会報告書が出たからこそ、行政当局による処分の指針にもなり、また証券取引所の上場維持判断にもつながったことは否定できません。

私自身は社内調査委員会の補助業務に従事することや、未だ不祥事が発生したのかどうか、その疑いのある時点で調査を行う仕事のほうが好きなので、第三者委員会の委員というのは過去に一回しか経験がありません。したがいまして、実務上の経験事実に基づくほどのことは申し上げられませんが、委員に選任された公認会計士のもつイメージや、会計不正における会計処理が争点となる事件における第三者委員会の活動などを客観的に眺めている公認会計士から、この第三者委員会制度なるものは、あまり高い評価を得ているとはいえないのが現状ではないかと思います。ではどうして公認会計士から第三者委員会は高い評価を得られていないのでしょうか。

①会計士の関与が薄いのでは？

会計不正事件を取り扱う第三者委員会の場合、「会計処理が不適切」と判定されますと、会計基準の適用自体に問題があった、もしくは監査手続きに問題があったことが指摘される可能性があります。たとえば**三洋電機社の**連結子会社の株式評価ルールが問題となり、同社が有価証券報告書の虚偽記載を行ったとして**課徴金処分が下された事件**がありました（平成一九年一二月二五日「過年度決算調査委員会調査報告書について」参照。http：//panasonic.co.jp/sanyo/corporate/ir_library/pdf/disclosure/2007/di-1225-3.pdf）。これは三洋電機社による会計処理（会計基準の適用上の誤り）を、同社調査委員会が指摘したものです。つまり会計監査を担当した会計士は、会社側の適用した会計ルールを正しいものと受け入れたがこれはおかしい、という指摘です（ただし、裁判所は、この三洋電機の会計処理は「公正なる会計慣行」に基づくものであり、違法ではないと判断しています。大阪地裁判決平成24年9月28日）。

また、会計ルールの適用方法自体が問題とされない場合でも、たとえば粉飾決算があったということになりますと、第三者委員会は過去の数年間に遡って決算の修正を図るように求めることがあります。決算数値の修正については、過去に適正意見を出した会計監査人にとっては大問題です。もちろん粉飾があったことだけで会計監査人の責任が認められるわけではありません。しかし、監査自体に問題があったのではないか、との疑問を呈される可能性が出てきます。最近では内部統制報告制度も施行されていますので、粉飾決算が明るみに出た以上、「当社の内部統制は有効」としていた経営者の評価は、内部統制の訂正報告書によって訂正されることになります（ただし不適切な会計処理が明るみになったすべての事例で内部統制の評価が訂正されている、というわけではありません）。

こういった会計不正事件の調査について、第三者委員会が主導権を握って進めていくわけで

［三洋電気社の課徴金処分が下された事件］

三洋電機が過去の決算で不正処理をし、有価証券報告書に虚偽記載があったとして、金融庁が課徴金830万円の納付命令を出した事件。三洋電機は、子会社株式の評価損を過小評価する不正経理で、2001年３月期以降の単体決算を訂正した。三洋電機の設置した調査委員会は、子会社株式評価額の減損処理に問題があったことを指摘している。

すが、どうも会計士委員の関与が薄いのではないか、という疑問が公認会計士側から出てきます。もちろん、過年度修正が必要なほどの不適切な会計処理が問題となる事例では、会計士委員が加わっていたり、たとえ加わっていなくても、委員の補助として公認会計士が支援しているケースがほとんどです。しかし弁護士委員主導の第三者委員会の場合ですと、「**会計事実**」の確定を優先するので、会計事実がいったん固められてしまいますと、いくら会計や監査に詳しい委員の方がおられても、専門職として発言できる範囲は限定されてしまうのではないでしょうか。

第三者委員会における弁護士委員は、数値の取り扱いにおいて会計士委員とは別異に考えるように思います。過去の決算書を眺めて、なぜこの数値を記入したのか、という点を、特定の会計事実の存否に関わる証拠として用いることに注力します。会計事実を絶対的な真実と捉えて、その絶対的真実の存在を示す証拠の一つとして「決算書の数値、もしくは数値の変動」を捉えたがる傾向がある、といってもよいかと思います。まさに「正しい会計事実」を探る、というものです。

これに対して会計士委員は、過去の決算書を眺めて、可能なかぎり会計事実の背景にある事情を仮説によって探ろうと考えます。そこでは特定の会計事実は念頭にはなく、あくまでも考え得るかぎりの事実関係を想定する、といってもよいかと思います。その考え得るかぎりの事実関係のうち、最も「あり得る」と考えられる事実を会計事実と捉える。その「最もあり得る」かどうかは、一人の会計士の頭で考えられるものではなく、いろいろなビジネスモデルや監査経験を持ち寄せて、多数意見のなかで「これが一番あり得る事実ではないか」と決定する。公認会計士委

【会計事実】
会計学の世界でも「会計事実」が何を指すのかは理解が一致していないようであるが、ここでは会計処理の対象として必要となる「記録・記帳された数値」を指すものとして使っている。

員の調査における思考は、こういった過程を辿るのではないかと思います。

そう考えますと「なぜ特定の会計事実の存在を、このようなちっぽけな証拠をもって、しかも少人数で判断できるのですか?」と（弁護士委員のやり方への疑問となって）公認会計士委員の頭のなかに湧いてきます。そもそも、会計士の責任問題に発展するような一大事を決するのに、これだけ公認会計士委員の関与が薄いのでは「後出しジャンケンで不利益を受ける」可能性が大きいのではないか、というのがホンネのところではないでしょうか。

たとえば我々法律家は、粉飾決算の調査を行うケースにおいて、役員や法人自体の責任判定が、どうしても頭から離れません。責任判定のためには「本来ならば、こういった数値になるのが正しいのに、当該役員はそれを知りつつ（もしくは容易に知り得たのに）別の数値を開示した」ということを示さなければなりません。担当者が「やろうと思えばできたにもかかわらず、やらなかった」ことが証明できなければ、主観的要件（故意または重過失）が満たされず、責任は問えないからです。この「本来ならば、こういった数値になるのが正しい」というところに、絶対的な正解を求めたいと思うのです。公認会計士委員の方は「そんな絶対的な正解がある」ことを前提として考えることにとても違和感を覚えるのではないでしょうか。

法と会計の、社会科学としての価値に相違がある以上、なかなか埋めることができないミゾかもしれませんが、お互いに仕事をするうえで、こういったミゾがあることを知っていることは有意義だと思います。

②「些細なこと」へのこだわり

弁護士委員の事実認定は**自由心証主義**です。たとえ小さな数値の違い、変化であっても、それが重要な事実を示す証拠として極めて大きな価値をもつことも少なくありません。会計処理における正解（絶対的な真実）は一つしかない、と考える傾向にあるわけですから、その絶対的真実を明らかにする証拠が存在するのであれば、たとえ対象が「数値」であったとしても、これを重要なものとして評価することは、私としても理解できるところです。

また、法律家の事実認定の方法は積み上げ方式です。小さなものや大きなものを積み重ねていって、（主張している）事実が存在する、といった心証を得られれば、そこに事実認定をしてもかまわないと考えます。刑事事件の認定はご承知のとおり、被告人の無罪推定原則が憲法上要請されますので、ほぼ九九％真実と思われるほどの心証形成が必要です。しかし民事裁判では、正直なところ「主張している事実が果たして真実かどうか」裁判官の心証を五一：四九にしてしまえばよいのです。一〇〇分の五一の確率で絶対的真実が証明されるのであれば、一〇〇％正しいものと同等に判決文のうえでは判断されるわけですから（だからこそ、高裁等によって別の裁判官に審理してもらえる権利が保証されている）、積み上げ方式でもかまわないのです。

しかし公認会計士は、こういった事実認定の方法には慣れていません。そもそも決算書の小さな数値の差、変化の差というものは、あまり関心をもたないようです。会計監査の社会的意義として、決算数値の利害関係者に「概ねこの会社の決算書は正しく会社の状況を反映

【自由心証主義】

事実の認定・証拠の評価について判断者の自由な判断に委ねることをいう。判断者の専門的技術・能力を信頼して、その自由な判断に委ねた方が真実発見に資するという考えに基づく。法定証拠主義（恣意的な判断を防止するため、判断基準を法で定めること）の対概念。ただし、自由心証主義といっても、判断者の全くの恣意的な判断を許すものではなく、その判断は論理法則や経験則に基づく合理的なものでなければならない。

している」と示し、これにお墨付きを付与すればよいのです。細かいところまでチェックが要求されてしまえば、報酬金額をたくさんいただかないと困難なわけで、これは企業の効率的な経営活動を阻害することになってしまいます。したがって、なぜ弁護士委員が些細なことにこだわるのか、理解できません。

しかも公認会計士委員の事実認定方式は、①で述べたように「会計書類の数値やその変化から、可能なかぎりのあり得る事実を想定」する作業から始まりますので、「最もあり得る事実」を決定するにあたり消去法的な発想で証拠を取り扱います。「もしAという事実の可能性があれば、Bという証拠があるはずだが、それは存在しない」をいくつか積み上げていって、一〇〇％ではなく、だいたい七〇％くらいの確率で「たぶんAという事実が存在した可能性が高い」という結論を出します。虚偽記載の疑いが残る場合にサンプル数を増やすことで深度ある監査を行うわけですが、その場合にも、サンプル数を増やすことで不正を暴くというよりも、これだけサンプル数を増やしても見つからなかった、という消去法的な発想で真実に迫ろうとします。

このような両者の発想の違いが、第三者委員会の仕事のなかで相互に「違和感」となって出てきてしまう原因ではないでしょうか。

第三者委員会が活躍する場としては、会計不正事件以外の不正事件にも広く存在します。しかし、とくに会計不正事件に関連する第三者委員会の活動については、今後も会計士の方々の協力を求めながら深化させていかねばなりません。もしこれまでに述べたようなところですれ違いがあるならば、今後も相互に理解を深めて、ステークホルダーから信頼されるに足る第三者委員会制度を構築する必要があります。

4 会計士と金融商品取引法一九三条の三

そしてもう一つ、会計士の方から評判のよろしくないものが「金融商品取引法一九三条の三」不正事実届出制度の運用問題です。会計監査の仕事は、財務諸表や計算書類が適正に作成されているかどうか、意見を表明することであり、たとえリスク・アプローチの手法が監査の主流になったとしても、不正を発見することが主たる目的ではありません。

平成二〇年の法改正で新設された金商法一九三条の三というのは、財務諸表監査に従事する公認会計士・監査法人が、法令違反等の事実を発見した場合の会社への通知義務や行政当局への届出義務を規定したものです。この規定の新設によって「不正発見を主たる目的とはしていない監査業務において、ひょっとすると不正の発見にも配慮した監査が要求されることになるのではないか」と不安を抱く会計専門家の方もいらっしゃるのではないでしょうか。ちなみにこの届出や通知を怠った監査人は過料の対象となり、制裁が規定されています。

私はこの金融商品取引法一九三条の三の規定につきましては、まだ法律が制定される前の段階(パブリックコメントを金融庁が募集している段階)から関心を寄せておりまして、私のブログ「ビジネス法務の部屋」で最初に取り上げたのが二〇〇七年一一月でした(二〇〇七年一一月一〇日付け「金商法一九三条の三と会計士の粉飾発見義務」をご参照ください）。当時のブログでも、この規定は会計監査に携わる会計士の方にとって重要な法改正になるのではないかと予想しておりました。そして法施行後まもなく発生した**春日電機事件**のなかで、当時春日電機社の監査を担当していた監査法人から、この一九三条の三に基づく監査役に対する通知が発せられる事態となりました（なお、この春日電機事件について記したブログエントリーを本章末尾に掲載しておりますのでご参照ください）。その後はあまり話題に上ることもなかったのですが、二〇一二年四月、金商法違反（偽計）容疑で社長および元取締役が起訴されている**セラーテムテクノロジー社（ＪＤＱ当時）**に対して、同社の監査を担当している監査法人より金商法一九三条の三に基づく「法令違反等事実に関する通知」が提示され、同社がこれを受領した、と報じられました。

さらに、このたびのオリンパス損失飛ばし、解消スキーム事件において、粉飾の疑いを抱いた監査法人が、同社監査役に対して深度ある調査を促すために「一九三条の三による権利行使をほのめかした」ということが第三者委員会で認定され、ふたたび議論の対象になっています。もし、同社監査役がさらなる業務監査を行わないのであれば、正式な形で通知を発しますよ、と監査役会に申し向けました（最終的には一九三条の三に基づく監査役への通知は発せられませんでした）。オリンパスの当時の監査を担当していた監査法人が、同社の監査役に対して「金商

［春日電機事件］
東証２部に上場していた産業機器メーカー「春日電機」の元社長が、返済される見込みがないのに元社長の関係会社に５億５千万円を貸し付けて春日電機に損害を与えたとして、同元社長が会社法の特別背任容疑で逮捕された事件。同社の監査法人は、不正疑惑を同社監査役に通知し、これを受けた同社監査役は元社長を相手に違法行為の差止を裁判所に申し立てた。

［セラーテムテクノロジー社（JDQ当時）の事件］
セラーテムテクノロジーおよび同社社長が、浮動株時価総額が過少で上場廃止基準に抵触するおそれがあったことから、株式交換により他の会社を子会社化し、株価の上昇を図ろうと目論んだ。しかし当該スキームが裏口上場とみなされ、上場廃止基準に抵触することを危惧したため、新たに調達する資金で当該他の会社を買収するスキームのように偽装して、虚偽の事実を開示したとされた事件。

法一九三条の三の行使をほのめかした」ことが第三者委員会報告書で明らかになり、やっと世間的にも監査証明業務を担当する監査法人（公認会計士）の不正届出制度が広く認知されるようになったのです。

このような経緯もあり、最近は公認会計士の方々が、雑誌の座談会等におきまして、金商法一九三条の三に言及する機会も増えています。

さて、この金商法一九三条の三でありますが、どうも会計士さんの世界では評判がよろしくないようです。というよりも、かなり嫌われモノになっています。私からみると、法令違反等の事実を会計士が発見した場合に、これをそのまま放置してしまうよりも、重い荷物を監査役に委ねることができるわけですから、むしろ監査法人にとっては「都合の良い制度」ではないか・・・と考えていましたので意外でした。

この金商法一九三条の三に基づく通知が監査役のところへ届いた場合には、監査役は（辞任しないことを前提としますと）社長と対決するか、監査法人と対決するか、二者択一の選択を迫られるわけでして、有事における監査役の善管注意義務に従った対応が迫られることになります。また、監査役から調査結果に基づく有力な情報が手元に届くことによって、会計監査人は自らの監査意見形成にも役に立つものと思われます。

たしかに公認会計士（監査法人）にとりましては、（被監査対象企業の社内事情を開示する、ということになりますので）会計士の守秘義務の解除に関する問題が生じます。したがって金融庁への届出は難しい法的責任問題を背負うことになります。しかし監査役に対する通知には、「守秘義務違反」という悩ましい問題は発生しません。したがって、むしろ不正の兆候に接した監査法人としては積極的に、内容証明通知をもって監査役に対して警告を出せばよいのではないかと思うところです。つまり、金商法一九三条の三に基づく通知は監査役に対して要件は緩やかに、そして行政当局に対する届出には要件を厳格に運用することがベストではなかろうかと考えています。

しかし（先のオリンパス事件でもそうですが）会計士側としては、会計不正疑惑に直面しても、なかなか監査役に正式な通知を出さない傾向にあるようです。この点、監査実務を担当している公認会計士の方々にお聞きしても、ほぼ一致して「一九三条の三については、たとえ監査役が相手でも容易には通知を出せない」といった回答が返ってきます。

ではなぜ金商法一九三条の三は現場の公認会計士に嫌われているのでしょうか。

これも私の勝手な推測による意見であり、関係者の方々から怒られそうな気もしますが、おそらく公認会計士（監査法人）としては、監査役との連携・協調はとても重要です、今後も監査役との情報交換を密にして不正の発見に努めてまいります、と表明しているところですが、ホンネのところでは「どうせ監査役は経営者にはモノがいえないだろう。そうなると第二ステップ（金融庁―内閣総理大臣への届出）に移行せざるを得なくなり、金融庁に対して法令違反等事実を届け出ざるを得ない。届出なければ過料制裁だし。しかしそうなると、今度は被監査対象企業の経営者から守秘義務違反、虚偽説明といわれてリーガルリスクを背負うのは監査法人になってしまう。下手をすると上場廃止になって、今度は株主からも訴えられてしまう。そんな面倒なことになるくらいだったら、金商法一九三条の三を監査役にちらつかせる程度にしておくのが無難かもしれない」といった感覚ではないかと思うわけです。

つまり公認会計士側としては、監査役のガバナンス上での地位向上に多大な期待を寄せているものの、現実には経営者に対峙してくれるだけの胆力をもった監査役など、ほとんどいないのではないか、そうなると今後は自分たちがリーガルリスクの俎上に上ることになるが、これはマズイだろう、といった考え方が大勢を占めているのではないかと思います。

今回のセラーテム社の事例のように、すでに当局による強制捜査が開始されているのであれば金商法一九三条の三に基づく通知、届出も検討しやすいのですが、事案によっては監査人が会計不正事件発覚、上場廃止問題の引き金を引くきっかけになるわけです。このあたりが監査法人にとって金商法一九三条の三の制度運用を「やっかい」と思わせている理由ではないでしょうか。監査役との連係に関する「ホンネ」と「タテマエ」が交錯する場面であるがゆえに、この制度は監査法人さんに嫌われる運命にあるわけです。

ちなみに、この制度が誕生したからといって、財務諸表監査を担当する会計士に「不正発見義務」が認められるようになったとは申し上げません。しかし、会計不正事件に直面した会計士にとっては、自身の所属する監査法人の法的責任問題に発展する可能性をもつ制度だけに、できれば最後まで「抜かずの宝刀」のままであってほしいと願うところなのかもしれません。

5 第三者委員会制度と金商法一九三条の三問題の共通項

このように最近の「法と会計の狭間の問題」を取り上げて、「公認会計士にあまり好かれていない制度」として紹介したのには理由があります。実は、この両者には共通するところがあります。

いわばゲートキーパー（市場の番人）としての役割を、公認会計士には期待される時代になったということです。第４章で述べておりますように、我が国の企業経営の効率性を高めるために、これからも（良い悪いは別として）事前規制社会から事後規制社会に移行していくことはほぼ間違いないところです。ではこれまで有用だった事前規制は（行政以外に）どのように代替させていくべきか、というところで民間のプロフェッションに代替させよう、という考え方が一つの選択肢になります。弁護士も監督官庁が存在しない分、少し形は変わっていますが、弁護士会を通じて**マネーロンダリング**の事前防止のための役目を求められています。そもそも事後規制（厳格なペナルティ、裁判所による民事救済）の世界こそ、弁護士が本領を発揮できる場面ですが、不正予防のための役割をも担うことが期待されるようになりました。

同じように、粉飾発生を予防する、再発を防止する、といった事前規制に向けた行政の取り組みに、公認会計士・監査法人の業界にも加担してほしい、ということが共通しているところです。たとえば第三者委員会は、日弁連ガイドラインにも明示されているとおり、ステークホルダー

【マネーロンダリング】
資金洗浄と呼ばれる。犯罪によって得られた収益金の出所などを隠蔽して、一般市場で使っても身元がばれないようにする行為。

に降りかかったリスクを委員会が取り除く、ということが優先的な課題です。決して不祥事を起こした企業のリスク管理が優先目的ではありません。不正が発生したことはやむを得ないかもしれませんが、ではその不正から、さらなる被害が拡大しないようにするためにはどうしたらよいか、同じような不正が、二度と当該企業から発生しないようにするためにはどうすればよいか、という点を検討します。ペナルティを課すため、というよりも説得的な原因究明、再発防止策が提言されるために事実を確定することが優先課題になります。もちろん責任判断ということも委員会の役割かもしれません。しかし、これも責任判断に従って、企業は自ら経営トップや監査役の責任を厳しく追及することは期待できないと思われるので、これは自浄作用を企業に求めていることの一環なのです。これらはすべて、「二度と同じ不正が発生しないよう再発防止策を徹底する」「起こってからでは遅すぎる、起こるまでに未然防止に全力を注ぐ」という、まさに行政目的に由来するコンプライアンスの実現手段の一つとして捉えられます。

だからこそ第三者委員会は、限りある時間のなかで最大限の効果を発揮しなければなりません。できるかぎりの事実認定、できるかぎりの原因分析、再発防止策の提言です。マスコミの論調などでは、あたかも第三者委員会の認定した事実が裁判所の判断と同様であるかのごとく報じられることがありますが、それは間違いです。委員に就任すれば、裁判官と同様、決して事実認定に誤りがないように、綿密に判断作業を尽くすことはプロとして当然です。しかし、あくまでも事前規制機能の代替手段であり、いわば事実認定においても限界があると考えたほうが正しいと思います。ちなみに、オリンパス事件では監査役等責任調査委員会がオリンパス社の監査を担当していた監査法人について責任なし、との判定を下しました。つまり、この判定に従って、オリンパス社は監査法人に対して責任追及訴訟を起こさなくても自浄能力に乏しいとは評価されない、ということです。しかし、これまでに裁判所で監査法人の「監査見逃し責任」が認められた事例というのは、監査調書が文書提出命令で出されて、長所の内容を相手方がきちんと精査したうえでの結果です。監査調書を閲覧することなく、監査法人の法的責任が容易に判断できるとは思えません。したがって、今後オリンパスの株主が監査法人に対して訴訟を提起して、そこで監査法人の法的責任あり、との裁判所の結論となったとしても、何ら不自然なことはありません。ちなみに、二〇一二年七月六日、金融庁はオリンパス社の監査を担当していた二つの監査法人に対して監査手法に問題があったとして、**業務改善命令**を出しています。

そして金商法一九三条の三についても、行政当局が、一般投資家に対する被害を未然に防止する機能を公認会計士にも要請している、ということが本旨です。まずは監査役に法令違反等事実の疑いがあればこれを通知して、企業自身の自浄能力に期待します。つまり不正の未然防止、悪くても不正の早期発見、早期是正によって株主や投資家に被害が出ることを防ぐ、もしくは被害を最小限度に抑えるために、企業に自律的行動を期待する制度です。監査役は金商法上には登場しない会社の機関ですが、すでに**会社法三九七条**に会計監査人の監査役に対する不正報告義務が規定されていますので、金商法上も監査役を「会計不正を未然に防止することが期待できる機関」として位置づけて、行

【業務改善命令】
金融庁には金融機関等に対して「監督上必要な措置を命じることができる」権限が与えられている。平成19年の公認会計士法の改正により、監督権限を有する監査法人に対しても業務改善命令が発せられることになった。

［会社法397条］
（第397条１項）会計監査人は、その職務を行うに際して取締役の職務の執行に関し不正の行為又は法令若しくは定款に違反する重大な事実があることを発見したときは、遅滞なく、これを監査役に報告しなければならない。

政目的の達成に寄与してもらえるとの期待が込められているのです。

会計士が不正発覚の引き金を引く、つまり守秘義務を解除して不正問題の矢面に立つことに消極的になるのは理解できるところです。そもそも上場会社三六〇〇社のなかで、クロをシロと積極的に表現する不誠実な会社など、めったにありません。ごくごくわずかの会社しか粉飾に手を染めないのです。これが三〇％程度の企業において粉飾事件が発生するのであれば、そもそも会計士の役割がもっと違うものになるでしょうから、粉飾の引き金を引くことにも躊躇しないと思います。しかし金商法一九三条の三に基づく通知・届出という行為は、自身の会計士人生のなかで、一度あるかないかの経験になってしまうわけですから、胆力も備わらないでしょうし、大きな組織で個人プレーも許されず、現場責任者としては逡巡してしまうことになるはずです。

しかし保守的な傾向や監査役への不信だけが高まっていき、こういったゲートキーパー的な役割に公認会計士が躊躇してしまいますと、せっかく「職業自由人」たる公認会計士の立場を最大限尊重しようとする金融庁の思惑にも実効性が伴わなくなります。会計不正事件で被害を被る国民や海外の機関投資家をはじめ、粉飾を予防できなかったことへの批判は否応なしに金融庁に向かうことになります。するとどうなるでしょうか？　間違いなく、この金商法一九三条の三の規定以上に実効性が期待される厳しい規制が会計監査の世界に向けられることになります。他のところでも述べましたが、会計士業界に優秀な方がたくさん参加して、日本の会計監査が活性化され、来るべきＩＦＲＳの時代に欧米諸国をリードできるような業界にするためにも、会計監査の世界に、これ以上の事前規制的手法による行政コントロールが介入することを防ぐ必要があるのではないでしょうか。

私が、この金商法一九三条の三を通じて、たとえリスクを背負ってでも、会計士の方が不正抑止の一翼を担うべく活躍していただきたい、と願う真意はここにあります。

欧米諸国に比べて監査報酬が低額に抑えられている、という話をよく聞きます。そのようななかで、会計不正発見に費やす時間などには限界があるかもしれません。市場の健全性確保に向けた効率的な監査業務を推進するために、会計士の事前規制での役割重視と、事後規制での対応考慮（過度の期待による結果責任を問われてはならない）のバランスをいかに図るべきか、会計専門職以外の人たちも一緒に検討する時期に来ているものと考えています。

【参考】金商法193条の3および208条の2の条文

（法令違反等事実発見への対応）第193条の3

公認会計士又は監査法人が、前条第1項の監査証明を行うに当たつて、特定発行者における法令に違反する事実その他の財務計算に関する書類の適正性の確保に影響を及ぼすおそれがある事実（次項第1号において「法令違反等事実」という。）を発見したときは、当該事実の内容及び当該事実に係る法令違反の是正その他の適切な措置をとるべき旨を、遅滞なく、内閣府令で定めるところにより、当該特定発行者に書面で通知しなければならない。

2前項の規定による通知を行つた公認会計士又は監査法人は、当該通知を行つた日から政令で定める期間が経過した日後なお次に掲げる事項のすべてがあると認める場合において、第1号に規定する重大な影響を防止するために必要があると認めるときは、内閣府令で定めるところにより、当該事項に関する意見を内閣総理大臣に申し出なければならない。この場合において、当該公認会計士又は監査法人は、あらかじめ、内閣総理大臣に申出をする旨を当該特定発行者に書面で通知しなければならない。

1. 法令違反等事実が、特定発行者の財務計算に関する書類の適正性の確保に重大な影響を及ぼすおそれがあること。
1. 前項の規定による通知を受けた特定発行者が、同項に規定する適切な措置をとらないこと。

3前項の規定による申出を行つた公認会計士又は監査法人は、当該特定発行者に対して当該申出を行つた旨及びその内容を書面で通知しなければならない。

第208条の2　次の各号のいずれかに該当する者は、30万円以下の過料に処する。

1. 第79条の23第2項の規定に違反した者
2. 第162条第1項（同条第2項において準用する場合を含む。）の規定に違反した者
3. 第162条の2の規定による内閣府令に違反した者
4. 第193条の3第1項の規定に違反した者
5. 第193条の3第2項の規定に違反して、申出をせず、又は虚偽の申出をした者
6. 第193条の3第3項の規定に違反して、通知をせず、又は虚偽の通知をした者

2008年12月4日(木)

伝家の宝刀『金商法193条の3』は春日電機を救えるか？

もうすでにご承知の方も多いとは思いますが、本日未明（2008年12月3日午前1時半）と、4日午後9時半、興奮せずにはおられないような開示情報が出ております。春日電機（東証二部）の常勤監査役の方が、代表取締役を相手として提起されました、違法行為差止仮処分命令の決定（ただし決定が出たのは11月26日）、株主総会開催禁止の仮処分命令の決定に関するお知らせであります。（この時点で仮処分命令申立書の内容が読めるということも、非常に感動モノであります。）つい一昨日、ＪＩＣＰＡ「法令違反等事実発見への対応に関するＱ＆Ａ」なるエントリーをアップし、本年4月より施行されている金商法193条の3（監査人の法令違反等事実への対応）について検討いたしましたが、まさかこんなに早く、193条の3が裁判に登場してくるとは予想もしておりませんでした。

創業60年を越える老舗電機メーカーで30年以上勤務されていらっしゃった方（常勤監査役）が、今年6月に大株主による敵対的買収によって更迭されてしまった先代創業者社長、会長の「仇討」のごとく、買収後「好き放題」に財産を散逸させている新社長めがけて仮処分命令の申し立てを行い（社外監査役2名はすでに辞任されたので、たったおひとりで）、代理人弁護士の方々もこれを支援し（基準日の濫用による違法・・・なる主張ですね）、未だ最終解決には至らないものの、一矢を報いるような仮処分決定を発令させた・・・・・、また監査役による申立後、従業員の方々も新社長に対して反旗をひるがえした・・・・・という、なんとも日本人にはたまらないようなストーリーであります。おそらく、日本中の監査役の職務に就いていらっしゃる方々も、目頭が熱くなるようなお話ではないかと思われます。

おそらく、この常勤監査役さんへの賛辞は尽きないものだとは思うのでありますが、このストーリーのなかで私が最も注目すべき、と考えますのが、「企業コンプライアンスを守る四半期開示制度と金商法193条の3」、つまり監査法人さんの活躍であります。失礼を承知で書かせていただきますが、春日電機の財務諸表監査を担当されている監査法人さんは、いわゆる中規模の監査法人さんだと思いますし、それほど目立って大きなクライアントさんをお持ちのところではないと思います（すいません、間違っていましたら訂正いたします）。資産が散逸する春日電機の監査手続きにおいて、架空取引に関する疑念を次第に強く抱くようになり、ついに会計監査人の伝家の宝刀「金融商品取引法193条の3」に基づく「措置要求」を監査役さん宛てに通知をすることになるわけであります。
監査法人から監査役への通知（申立書より抜粋）
「金融商品取引法193条の3に基づき、特定発行者（ここでは春日電機のこと）における法令に違反する事実その他の財務計算に関する書類の適正性の確保に影響を及ぼすおそれのある事実を発見及び確認いたしましたので、当該事実の内容及び当該事実に係る法令違反の是正その他の適切な措置をとるべき旨を通知いたします。

つまり、この措置要求の通知は監査役宛てになされるわけでして、ここでもし監査役が動かなければ（もちろん会社も動かないでしょうから）、後は監査法人は金融庁へ法令違反の事実を報告することになるわけであります。（金商法193条の3、第2項）措置要求の通知を受けた監査役さんとしましては、このまま放置して金融庁による何らかの対応を待つことも「楽」なのかもしれません。（とくに監査役の法的責任が問われるものでもないかもしれませんし）しかし、それは長年勤務してきた企業の「死」を意味するものになるでしょうし、座して死を待つよりも、上場企業としての誇りにかけて、最後の賭けに出たのが、今回の仮処分決定の申立ではないでしょうか。つまり、監査役さんの気持ちを最後に奮い立たせたのが、この新設された「金商法193条の3」だったのであり、臆することなく切り札を使った監査法人さんは「あっぱれ」と（少なくとも私は）思うところであります。また、監査役さんにこういった「考える時間」を与えてくれたのも、やはり今年4月に施行された四半期報告書制度であります。四半期報告書に対する適正意見を出さない・・・・という監査法人さんによる「ソフトロー」が功を奏したため、4億5,000万円のうちの2億弱程度の金員が春日電機の手元に戻り、また法令違反行為の疑念を強く抱くに至るまでの心証を得るに至ったのであります。
「四半期レビュー」といいますと、私の周りの会計士さん方がブーブーと文句をおっしゃっているイメージしかなかったのでありますが、こうやって生々しい事例を目の当たりにしますと、やはり改めてその存在価値を感じるところであります。

買収防衛策との関係や、株主総会の基準日に関する法的論点なども、また検討したいところではありますが、とりあえず興奮さめやらぬまま、ジャストの印象だけで書かせていただきました。内容が偏向している等、また誤りやご異論がございましたら、どしどしとご指摘いただけますと幸いです。

6章

会計監査のリスク・アプローチを法的に考える

1 はじめに——監査法人の引継ぎ問題

二〇一一年秋、世間に発覚したオリンパス損失飛ばし・解消スキーム事件では、日本を代表する監査法人どうしによる「引継ぎ問題」が話題になりました。問題の時期にオリンパスの監査を担当していたA監査法人（前任）とS監査法人（後任）ですが、A監査法人がS監査法人に監査人たる地位を引継ぐにあたり、監査上の問題点をきちんと後任のS監査法人に説明していなかったのではないか、という点です。

オリンパス事件に関する**第三者委員会報告書**は、「本件交代の問題点」として

「本件の両監査法人間の引継ぎの際の『監査人の交代事由』に関する情報交換は、極めて形式的かつ簡略なものに留まっており、上記趣旨を著しく没却するものといわざるを得ない。この点について、両監査法人はその責めをそれぞれ相手方に帰せしめる発言をしている。

これでは、会社法及び金融商品取引法に基づき、株主及び投資家・資本市場に対し、企業の適切な情報をもたらすべき責務を負っている会計監査人の職責を果たしていないと批判されてもやむを得ないと思料する。」（オリンパス第三者委員会報告書、一七六頁）

と指摘しています。いかにも法律家的な表現ですが、法律家だけでなく、おそらく世間一般の人たちも、問題のある企業の引継ぎを行う監査法人間においては、もう少し詳細に引継ぎ内容を協議する必要があったのではないか、と感じるところではないでしょうか。監査法人と被監査企業

【第三者委員会報告書】
オリンパス社が損失飛ばし・解消スキーム事件について、その解明等を目的とした第三者委員会による調査報告書（http://www.olympus.co.jp/jp/info/2011b/if111206corpj.cfm）

との間では、監査業務に関する委任契約が締結されています。受任者（会計監査の前任者）は、被監査企業の監査が後任者にも適切に行えるよう、きちんと引継ぐところまでが事務処理上の**善管注意義務**の範囲になります。たとえ引継ぎに関する**監査基準**が細則を規定していたとしても、これはあくまでも監査を適切に行うための規律の問題であり、民事上の善管注意義務を尽くしたかどうかという点とは別個の問題です（規律違反があれば行政処分や会計士協会による処分で対応すればよい話です）。監査基準の細則の背景にある原則部分に第三者委員会が焦点を当てるのも当然のことでしょうし、むしろ会計監査人への期待は、細則に規定がなくても会社法や金商法の趣旨に照らしてどこまでの引継ぎをやるべきであったのか、というところではないかと思います。

この問題について、経済雑誌『ZAITEN』二〇一二年六月号「企業が監査法人を替える時―監査法人　仁義なきクライアント争奪戦」の記事において、会計監査のプロである公認会計士の方から興味深い指摘がなされています。

オリンパス事件の（監査法人に対する）責任調査委員会の見解としては、A監査法人が認識していたオリンパス社の取引の異常性については監査基準が引継対象外としている「最終的な意見形成の判断過程」に該当するので、引継がなくても不適切ではない、とされている、しかしプロの会計士（大手監査法人OBの会計士）からみれば重大な監査基準違反であり、道義的にも許されない、とのこと。

【善管注意義務】
会社と監査人との法律関係は、原則として委任契約に基づくものである。委任契約を規定した民法644条では、受任者が委任事務を処理するにあたり、善良な管理者の注意をもって処理しなければならないとされている。一般に、この受任者の事務処理上の法的義務を「善管注意義務」という。会社法330条は会社法上の会計監査人の義務について、同様のことを規定する。

【監査基準】
職業的監査人（公認会計士など）は，財務諸表の監査を行うにあたり，監査実務上公正妥当と認められる原則に従うこと，および監査報告書においてその原則に従って監査を行った旨を表明することを職業的責務としている。このような原則を監査基準と呼ぶ。監査基準は，一般に，監査一般基準，監査実施基準および監査報告基準によって構成される。

プロどうしの話なのだから、都合の悪いことについては自力で見つけるのが筋であろう、お互いに引継はしないのではないか、とも思えるのですが、OB会計士の言葉によると「とくに、今の監査はリスクがありそうなところを重点的にみるリスク・アプローチの手法を採用するので、重大なリスクに関する引き継ぎ不足は許されない」のだそうです（同誌一七頁）。

引継ぎに関する問題を、これ以上に詳論することはしませんが、こういった監査人どうしの引継ぎ問題にまでリスク・アプローチの監査手法が影響を及ぼすことについては新たな発見でした。重要な虚偽表示リスクの評価などは、各監査法人（会計士）の主観的な判断、裁量的な判断による部分が大きいために、どこまでリスク情報を伝えられるのかは悩ましい問題かもしれません。しかし、そもそも「監査人の交代」しかも大手監査法人間での交代、ということですから、普通に考えれば異例の事態かと思われます。そのような場面で、前任者の認識していたリスクを後任者にきちんと伝えることは、後任者による監査におけるリスク判断のためにも重要だと認識されているようです。

2 リスク・アプローチとは

さて、このリスク・アプローチによる監査手法とは、会計士、とりわけ会計監査を本業とされる方々には「リスク・アプローチによる監査の手引き」なるものも配布され、手引きにしたがって監査計画を立てたり、実施手続きがとられます。弁護士や一般の方々には、あまりなじみがない言葉かもしれませんが、会計士の方々にとっては現代監査の根幹に関わる「監査の基本」とされているものです。

リスク・アプローチといいますのは、監査人が監査リスクを合理的に低い水準に抑えるために、財務諸表における重要な虚偽表示のリスクを評価して、発見リスクの水準を決定するとともに、監査上の重要性を勘案して監査計画を策定し、これに基づく監査を実施する監査手法のことを指します。

もう少し（誤解をおそれずに）私なりの解釈をしますと、法定監査という制度は、社会一般に役に立つものでないといけません。役に立つためには、たとえば財務諸表監査の場合、投資家が有価証券を取引するにあたり、その投資判断に資する監査制度を採用することが考えられます。その監査制度を維持するためには、プロだけに（職業として認められた）会計監査という制度がありまます。その制度を維持するためには、プロの名に恥じないようなレベルの高いものが要求されます。投資家の判断に資する程度のレベルの仕事といえば、一定程度の品質水準をもった監査結果の公表です。この一定程度の品質水準は、被監査企業の重要な虚偽表示リスクの程度に、要求される監査人の労力を勘案して算出されるものです。いわば重要な虚偽表示リスクが高いところへは詳細な監査手続きを、それほどリスクが高くないところへは、それよりも低い水準の監査手続きをもって最終的に保証判断を行う、というものです。

従来から監査の目的は、財務諸表や計算書類が適正に作成されていることに関して意見を表明する、というものでしたが、このリスク・アプローチの手法が監査に浸透するにしたがって、不正発見の役割についても（副次的なものであるにせよ）監査の目的に含まれるのではないか、といわれるようになりました。企業が意図的に粉飾する場合と、単純なミスによって不適切な会計処理がなされる場合とでは、虚偽表示の影響が財務諸表等に及ぶ範囲に大きな差が生じます。したがって虚偽表示が不正によるものかどうかを監査人がチェックすることは重要です。おそらく度重なる会計不正事件に由来する「期待ギャップ」への対応、ということが重要視されてきたのだと思います。現に監査の基準では、監査人は監査リスクを合理的に低い水準に抑えるよう監査計画を策定し、監査を実施する際に、不正による重要な虚偽表示リスクを考慮しなければならない、とされています。

従来は、リスクの高低にかかわらず、監査準則で決められた監査手続きを形式的に実施しなければならなかったわけですが、監査報酬や監査法人のスタッフ数からみて、投下できる人的・物的資源には限りがあります。また企業側としても、監査に向けられるコストが過剰になれば上場メリットも失われてしまいます。そこで職業としての会計監査人の制度が成り立たなければならない以上、監査の効率性と実効性を確保しながら業務を遂行できるよう、工夫しなければならないのであり、その一環としてリスク・アプローチの手法が取り入れられました。

会計士の方々にはこの手法が当たり前のものだとしても、会計のプロである公認会計士監査の本業に関わる特有のものだけに、外の世界からは理解しにくいところがあります。しかし、不正等の重要な虚偽表示リスクを勘案して実証手続きの中身を決めるというのは意義のあることだと思います。まさに監査報酬の範囲で最大限度の仕事をしよう、との意図が伝わってきます。
ところで、先ほど述べたように、最終的には一定レベルの監査の品質水準は超えていなければならないわけで、これればかりは「監査報酬が安いから、ここまでにしておこう」と割り切ってしまうわけにはいかない面があります。どんなにいかがわしい企業であり、内部統制がまったく機能していないような組織体制であったとしても、その分深度ある監査に注力する必要があります。こういったケースでは、監査実施手続きが厳格に求められるのであり、たとえ費用倒れになったとしても、一定水準の監査を遂行しなければなりません。費用倒れになってしまっては困る、ということであれば、なんとしてでも追加報酬を受領して、リスクに見合った監査を遂行しなければならないのです。リスク・アプローチによる監査とは、こういった考え方のもとで成り立っています。

3 判例にみるリスク・アプローチ

平成二〇年四月一八日、大阪地裁は、**株式会社ナナボシ**の粉飾決算事件に関する監査見逃し責任が争点とされた裁判で、監査法人側の注意義務違反を一部認める判決を下しました。
ナナボシ粉飾決算事件判決とは、ナナボシの管財人である原告が、同社の監査を担当

[株式会社ナナボシ]
火力発電所等の補修・維持関連工事を行うメンテナンス事業および発電所設備等の新設据付工事業務を行うプラント事業を主たる事業とする会社で、平成7年4月には株式を上場したが（大阪証券取引所2部）、平成13年11月26日には大阪地裁に民事再生手続開始を申立て、同年12月21日再生手続開始、平成14年11月21日には再生計画に従い解散している。

[ナナボシ粉飾決算事件判決]
大阪地判平成20年4月18日判例時報2007号104頁、金融・商事判例1294号10頁。なお本件判決に対しては、原告・被告双方から控訴がなされたが、大阪高裁において和解が成立している。

していたT監査法人に対して、粉飾決算を看破できなかったことにつき、監査契約上の注意義務違反による債務不履行があり、これによって違法配当相当額および粉飾実行に伴う社外流出金相当額の損害がナナボシに生じたとして、その損害金の支払いを求めた事案です。監査法人として、職業上の注意義務を尽くしていればもっと早く粉飾は見抜けた、とするのが原告側の主張です。

この判決では、監査人の財務諸表監査の目的を論じるにあたり、次のように述べられています。

「会計監査の目的は、第一次的には会社の財務諸表が適法かつ適正に作成されているかどうかを審査することにある。粉飾決算の発見は、財務諸表に虚偽の記載があると疑いがもたれる場合には監査の対象となるものであるから、副次的な目的であるとはいえる。しかし、監査人としては、被監査会社の監査上の危険を正確に検証し、財務諸表に不自然な兆候が現れた場合は、不正のおそれも視野に入れて、慎重な監査を行うべきである。このことは監査基準や**監査基準委員会報告書**においても、監査人に一般的に要求される職務として、指摘されており、平成三年の監査基準の改正により、リスク・アプローチが導入されたことにより、より強く監査人の職務として、要請されるようになったと解される」

本判決では、会計監査の目的として、たしかに粉飾決算を指摘する等の不正発見は副次的なものではあるが、「会計監査人は何をすべきか」という点を監査指針などに照らして検討したうえで、不正（粉飾決算）の発見も重要な監査人の職務だと述べています。さらに続けて、

「『通常実施すべき監査手続』といえるかの判断に当たっては、平成一三年三月期において、リスク・アプローチが妥当していたと認められる。監査人は、監査の効率性の観点から、かつ

【監査基準委員会報告書】
日本公認会計士協会（監査基準委員会）が策定・公表するものであり、監査基準の実務指針として「一般に公正妥当と認められる監査の基準」として取り扱われる。

てのように必要な監査手続をすべて実施しなければならないということではなく、固有のリスクや内部統制上のリスクを正確に検証し、監査上の危険性を最小限度に抑えるべく、リスクの高いところに監査資源を集中させて、財務諸表の記載の正確性について合理的な監査意見を形成することが求められるようになった。そのためには、監査人は、個別の被監査会社の固有のリスクと内部統制上のリスクを正確に把握し、監査上の危険性を最小限度にしたうえで、監査要点のリスクに応じて監査計画を立案し、どの監査要点を集中的に監査すべきで、どの監査要点は内部統制に依拠すべきかを区別したうえで、必要かつ十分な監査証拠を収集し、合理的な監査意見を表明するための心証形成を行う必要がある。」

ここではT監査法人としては、本件のナナボシの監査にあたってリスク・アプローチに基づいてナナボシの固有リスクと内部統制上のリスクを考慮したうえで監査計画を設定すべきであり、それが「通常実施すべき監査手続」にあたる、と説明されています。

つまり「リスク・アプローチ」に依拠して適切に監査手続を進めることが、職業専門家としての正当な注意を払った監査であり、ひいては会計監査人の財務諸表監査における善管注意義務の履行方法に該当する、ということを示したものといえます。

リスク・アプローチは、日本においては平成三年の監査基準改訂時に導入されたものです。長い間、あまり浸透することがなかったために、平成一四年の監査基準改訂時にはリスク・アプローチによる監査手法が徹底（明確化）されました。

このナナボシ裁判のなかでは、T監査法人側より「平成一〇年三月期ないし平成一三年三月期

には、リスク・アプローチは未だ浸透していなかった」と主張されていました。しかし本判決はこの被告側の主張を排斥し、

「平成三年の監査基準の改正に際して、リスク・アプローチが導入されてから、本件で問題となった平成一〇年三月期までに七年が経過しており、リスク・アプローチはすでに実務に浸透していたものといえる。また、仮に広く浸透していたとまではいえなくても、被告自身、自己の監査マニュアルの作成にあたってはリスク・アプローチを取り入れており、遅くとも平成一一年三月期にはすでにリスク・アプローチに基づく監査を現に行っていたと認められる。」として、平成一〇年三月期における監査手続においては、リスク・アプローチの手法に基づく監査をすべきであった、と結論づけています。

従来、会計監査人による被監査会社のリスク評価とは、監査責任者と被監査会社の経営者との人的信頼関係が構築されることを前提として、属人的な接触のなかで行われてきたものです。しかしながら、**ローテーション制度**にみられるように監査人の独立性が強化され、また属人的な接触は「公正な監査」を妨げる要因である、といった意見が社会一般に広まるにつれ、リスク評価の方法も組織化せざるを得ない状況になりました。そこで、会計監査人（監査法人）、被監査会社、会計制度（会計基準）それぞれの事情を踏まえながら、効率的・効果的監査に最適な監査アプローチとしてリスク・アプローチが採用され、その内容についても「公正妥当な監査の基準」たり得るものとされてきたのです。

この裁判の流れ、組織的監査の傾向からしますと、今後も会計監査人による粉飾決算の見逃し

【ローテーション制度】
同じ公認会計士や同じ監査事務所等が継続して上場企業の監査を実施できる期間に制限を設けること。公認会計士のローテーションは平成15年の公認会計士法の改正で導入されている。

事例などにおいて、リスク・アプローチの手法が適正にとられていたかどうかが法的な争点になることは間違いないと思います。また、これまで以上に会計監査人の行為規範を示す裁判例も増えていくものと推測されます。

ただし、リスク・アプローチなる手法が会計監査人の法的責任を論じるための判断基準になり得るとしても、そもそも会計監査の歴史のなかで形成されてきた手法であることについては留意すべきです。リスク・アプローチにいうところの「リスク」とは、そもそも会計監査（財務諸表監査）の目的から導かれる概念です。一般に監査リスクとは「監査人が、財務諸表の重要な虚偽表示を看過して誤った意見を形成する可能性」を指します。いわば不適切な会計監査によって誤った意見を形成してしまうリスクだといえます。会計監査人は、この監査リスクを低減しなければなりません。したがって被監査企業のどこにリスクがあり、そのリスクについてはどのような重要性があるのか、といった判断については、「一般に公正妥当と認められる監査の基準」に準拠して決定されるもので、広く会計監査人による職業的判断に委ねられるべき事項です。

この点、リスク・アプローチによる監査手法が、監査人の注意義務違反の有無に関する法的責任の判断基準になるものとしても、会計監査人に「一般的な注意義務を欠いた」ものと認められるケースはかなり限定的にならざるを得ないものと考えています。

4 リスク・アプローチを法的に考える

このように、リスク・アプローチという監査手法が浸透したことで、引継問題における監査基準違反が議論されたり、裁判のうえで不正発見のための会計監査人の職責が論じられるようになりました。

しかし、リスク・アプローチは会計士という職業が成り立つために（つまり監査業務を行ううえで、利益を確保するために）限られた資金と限られた人員で、効果的かつ効率的な監査を実施するための手法ということで、責任限定的な意味合いをもつものと認識されているのではないでしょうか。これだけの報酬なのだから、完全無欠な監査はやってられない、あくまでも「できる範囲での最良の監査をやる」ことが求められるのであり、たとえ後日粉飾が発生したとしても、できる範囲での監査は尽くしているのであり、法的な意味で善管注意義務は尽くしたことになる、という発想かと思います。監査を受ける企業サイドからみても、非効率な監査によって多額の報酬を支払わねばならないとすると、無駄に会社の利益を費消することになり、社会資本としての監査制度が成り立たなくなってしまいます。

この考え方は会社法上の経営判断原則（そのような原則が法文上で明示されているわけではありませんが、裁判上または学説上、日本の裁判所でもほぼ同様の原則が適用されている、とされています）に近いものがあるように思います。経営者はリスクを承知のうえで新規事業に乗り出さないと利益を獲得できない、たまたまリスクが顕在化して会社に損失が出てしまったからといって、「ほれみろ、危ない橋を渡ったからこうなったんだ。責任をとれ」といわれて経営者が賠償責任を負わされるのであれば、誰も経営者などやる人がいなくなってしまう、だから十分な資料に基づいて、きちんと審議手続きを踏んだうえでの経営判断がなされていれば、後で損失が出ても法的責任は問われない、という理屈です。

リスク・アプローチによる監査においても、被監査会社の重要な虚偽表示リスクを評価して、この評価に基づいて発見リスクをどの程度の水準に置くべきかを決定し、その結果どのような監査計画を立て、どのような実証手続きをとるかはプロによる高度な判断が要求されます。どんなに深度ある監査を行っても粉飾が発覚するリスクはあるわけで、たまたま粉飾が発覚したからといって後出しジャンケン的に監査責任を問われる、ということがあってはならないのです。だからリスク・アプローチによる監査手法が手続き的にきちんととられており、十分な資料に基づく専門家的判断がなされていれば法的にも結果責任はとられない、ということになろうかと思います。

ところで経営判断原則の場合、会社の予算に限りがあるから、ここまでのことしかできません、ということが経営者としていえるかどうか、という問題があります。欠陥商品で消費者に危害を与えることを防止するための最新の安全装置を設置するには多大な費用がかかります。この安全装置を設置していれば欠陥商品の被害が防止できた、というケースです。消費者の安全を確保することは企業としては最優先事項ですが、これによって赤字経営が何年も続くということでは事業の継続性に問題が生じます。したがって、会社の予算についても、ある程度は経営判断原則のなかで考慮せざるを得ないのではないかと思います（もちろん、欠陥商品によって被害が拡大することを防止する等、会社行動において、具体的な違法状況を直ちに除去する必要がある、という場合には予算に関わらず対応すべきです）。

もしリスク・アプローチによる監査が経営判断に類似したものと考えるのであれば、報酬はこれだけなんだから、この範囲でできることには限りがある、という理屈で会計監査人は法的に免責されてしまうのでしょうか。

この点については、会計監査における監査報酬の決め方の実情を知っておく必要がありそうです。監査人が監査の必要性を説明して、最初に取り決めた報酬額とは別に追加報酬を要求できる実態があれば、「報酬はこれだけなんだから仕方がない」という理屈は成り立たないでしょう。しかし監査人と会社との報酬契約の実態は、たとえ契約書の条項に追加報酬を求めることができると定められていても、なかなか自由に請求することができないのが実態です。もし報酬額の増額を監査人側が求めるのであれば、前年度の実績を参考にして、契約更新時に増額要求をしなければ会社側としても納得できないと思います。したがって、「報酬がこれだけなんだから、リスク・アプローチの手法によるも、この程度の監査はやむを得ない」という理屈は一応成り立つようにも思えます。しかし監査人は投資家、株主のために監査業務を遂行するわけで、その監査の法的レベルが、報酬を支払う企業側の判断で決まってしまうという理屈はどうも納得できません。

なお、平成二一年一〇月二日付の日本監査役協会のアンケート集計結果によりますと、監査時間の過不足に伴う監査報酬の調整がなされたケースは全体の一四・六%とされています。全体には監査時間の過不足がなかったというケースも含まれていますが（これが最も多く五五・二%）、過不足があったケースのみで考えると、報酬の調整が行われたのは、三〇%程度とのことです。たしかに中堅以下の監査法人では、上述のとおり、なかなか追加報酬は自由に請求できないのが実態だと思いますが、大手監査法人については、監査報酬を事後的に監査時間に合わせて調整するケースが徐々にみられるようになってきたようにも聞き及んでいます。

ところで、経営判断原則といっても、取締役（取締役会）は、法令定款違反行為に該当するような判断はできないとされています。つまり法令定款違反行為というのは経営者に裁量の余地はなく経営判断としても許されない、ということです。リスク・アプローチによる監査手法で、私もよくわからない点が監査リスクの水準です。投資家の判断を誤らせない程度に一定程度の合理的な水準まで監査リスクを低減させる、ということがリスク・アプローチの手法には要求されます。この「一定程度の水準」というのが、果たしてプロの会計士の裁量に委ねられるものなのかどうか、という問題です。

なぜなら、金融商品取引法には有価証券届出書、報告書の虚偽記載については刑事罰、民事責任の規定があります。そこでは重要な事項に関する虚偽記載という概念が出てきます。これは、一般の投資家が判断を誤ってしまう、もし情報に誤りがあれば当該有価証券投資の判断に影響が出る、という程度の虚偽記載を報告書に記載した、ということですから、リスク・アプローチの監査手法に登場する「一定水準」というものも、やはり金商法の規定と合致するのではないでしょうか。つまり会計士が法律の規定によって刑事責任、民事責任を問われない程度の一定水準の監査が求められるわけです。そうしますと、リスク・アプローチなる会計上の概念には、法律上の行為規範としての側面もあるわけです。報酬の範囲内における最善を尽くしたというだけで、会計監査人が免責されるわけではないと思います。免責されるのは、あくまでも監査リスクが一定程度に低減されていることが条件だと考えます。会計監査人として、これでは民事責任を問われかねない程度の監査手続きしかできない、監査リスクを低減させることはできないと考えれば、追加報酬を請求するか、もしくは利益が出ないようなケースであっても深度ある監査を行わなければ法的責任を問われる可能性がある、ということになろうかと思います。

5 会計士の責任と粉飾との因果関係

もう一つわかりにくい問題が、会計士の監査見逃し責任と粉飾発覚との因果関係です。

最近、上記のナナボシ事件判決のように、監査人による監査見逃し責任が裁判所で認められる事件が出てきました。監査人の監査上のミス（不注意、善管注意義務違反）と粉飾による会社の損害との因果関係の相当性も認められています。

しかし、よく考えてみると、たまたま監査人がミスをしたことについて原告側が証明できたことから損害賠償責任が認められていますが、もし監査人にミスがなくても粉飾は発見できない、ということが監査人側で証明できればどうなるのでしょうか。ミスがあってもなくても粉飾は発見できなかった、ということになりますと、監査人のミスと粉飾による会社の損害との関係では因果関係が認められないことになります。ただ、現在までのところ、裁判所は「監査人のミスがなければ、会社の粉飾はもっと早く発見できた」という認定については、サラっと認めてしまっている傾向があります。しかし会計士の方にとっては、ここはとても関心の高いところではないかと思われます。「監査人がミスなく監査を遂行すれば不正を発見できた、などとなぜいえるのだろうか？」ということです。

たしかに監査人のミスがなければ不正は発見できた、ということを所与の前提とすることは、かなり裁判官としても悩むところではないでしょうか。とくにリスク・アプローチの手法が採用され、監査リスクを一定程度にまで低減する、ということを前提とした監査がなされるわけですから、監査人が監査リスクをどのように判断したか、ということについては法律家の判断が重視される、といった前提がないと、会計士側の主張（監査人のミスがなくても発見できなかった）を排斥することは難しいのではないかと思います。

こういったところからも、やはりリスク・アプローチの監査手法というものは、法的な行為規範としての意味合いももっているのではなかろうか、と思う次第です。

ここで述べていることは、まだまだ法律家としての私の個人的な見解の域を超えません。こういった法と会計の狭間の問題について、もっと有識者の方々に議論していただき、問題解決に向けた整理が望まれるところです。

7章

会計基準は法律なのか？

―古田裁判官の補足意見はなぜ会計士にウケるのか？（長銀・日債銀最高裁判決を振り返って）―

1 はじめに

IFRS（国際財務報告基準）の強制導入の議論が**企業会計審議会**で続いている状況です。海外戦略を積極的に推進している企業では、すでに任意で導入しているところもありますが、まだまだ多くの上場会社、とくに連結財務諸表を作成しなければならない会社では議論の動向を見守っているところです。

IFRSを法律的にどのように承認するのか、という問題も今後議論されるはずです。すでに導入済みの国でも、たとえばIFRSを国内法化してしまう国もあれば、国内法で承認手続きをとる国もあり、中には国会で承認を解除できることを定めているところもあるようです。なんといっても「会計基準」であり、その国の立法機関ではないところで重要なルールが決められ、それが当該国家に本拠を置く上場会社に強制力をもつことになるわけですから、どこの国も悩ましい問題を抱えることになります（ちなみに金融庁がIFRSを「**指定国際会計基準**」として承認していますが、これは任意で適用してもよい、ということにお墨付きを与えることであって、すべての上場会社に強制的に適用されることの承認手続きにはなりません）。

【IFRS（国際財務報告基準）】
International Financial Reporting Standardsの略。国際会計基準審議会（IASB）およびIASBの前身である国際会計基準委員会（IASC）により設定された会計基準（IASおよびIFRS）およびIFRS解釈指針委員会（IFRIC）およびIFRICの前身である解釈指針委員会（SIC）により発表された解釈指針（SICsおよびIFRICs）の総称を指す。

【企業会計審議会】
金融庁長官の諮問に応じ、企業会計基準や監査基準の設定に関して答申を行う審議会。審議会は学者や実務家の委員で構成されている。ただし企業会計基準の設定については、民間の企業会計基準委員会によるもの主流である。審議会が発表する会計原則やさまざまな意見書などには法律上の強制力はないが、会計実務の事実上の基本的ルールとなっている。

【指定国際会計基準】
わが国の会計基準として通用する外国の会計基準。金融庁長官による指定が要件である。「連結財務諸表の用語、様式及び作成方法に関する規則」第93条参照。

とりわけ、我が国では二一世紀に入り、損益計算を中心とした会計から資産・負債評価を中心とした会計に移りつつあります。連結財務諸表、金融商品、企業結合、退職給付、減損会計など、新しい基準が次々と設定され、その多くの基準においては公正価値による測定が用いられるようになりました。経理担当者も会計士も時価評価によって財務諸表の作成、監査に関与することになりました。そこでは経営者の将来見積りや、経営計画の進捗度に対する評価、子会社の業績評価など、関係者の主観的評価に左右されることが増えています。またＩＦＲＳのような原則主義による会計基準が適用されるようになりますと、会計基準の選択自体にも判断の裁量の余地が広がることになります。

こうなりますと、経営者や会計監査に携わる人たちが「適正」と思って財務諸表を作成し、意見を述べたにも関わらず、後日粉飾決算だと評価されるリスクが懸念されます。なんといっても虚偽有価証券報告書提出罪や違法配当罪の該当性は（最終的には）法律家が決めることです。会計処理や監査の違法性を認定して立件するのは検察の仕事であり、最終的に犯罪が成立するかどうかを判断するのは裁判所の仕事です。とくに監査の視点からみれば「良かれ」と思って会計監査を担当した者が、粉飾決算によって投資家を欺いたことの「片棒を担いだ」と認定されるわけですから、会計士にとって他人事では済まされません。ここに「会計基準」はそもそも法律と同じように扱ってよいのか、それとも法律とは無関係な会計上のルールにすぎず、これに従ったとしても違法・適法の判断に影響を与えないのか、という大きな問題にぶつかります。これが「**公正なる会計慣行**」に関する争点であり、まさに法と会計の狭間に横たわる大き

【公正なる会計慣行】
会社法制定による改正前の商法32条２項は「商業帳簿ノ作成ニ関スル規定ノ解釈ニ付テハ公正ナル会計慣行ヲ斟酌スベシ」と定めていた。ここにいう「公正ナル会計慣行」とは、会社法431条により「一般に公正妥当と認められる企業会計の慣行」と同義と一般に解されており、企業会計原則その他の会計基準を指す。

な論点になっています。
この論点につき、近時最高裁判決のなかで論じられたのが、**長銀事件**と**日債銀事件**でした。長銀事件、日債銀事件とも、民事・刑事事件で争われましたが、とくに注目されていたのが両事件の関係者を被告人とする刑事判決でした。すでにいずれの事件も被告人とされた方々の無罪が確定しています。

2 長銀、日債銀最高裁判決とは？

いずれの事件も関係者に対する強制捜査が開始されてから判決が確定するまで一〇年以上を要しています。そこでは、法律評価、事実評価を含め、多くの論点について争われました。本書は「公正なる会計慣行」に関する話題のみを取り上げ、また一般の方々にお読みいただくことを前提としていますので、ここでは両事件の概要のみ紹介させていただきます。

長銀事件、日債銀事件最高裁判決とは、最高裁判所が、法と会計の狭間にある問題を、日本で初めて真正面から取り扱った判決です。財務諸表や計算書類を作成するにあたり、適用されるべき会計ルールが明確に法律で規定されている場合にはそのルールによって処理することになります。しかし明確に法律で決まって

［長銀事件］
旧日本長期信用銀行が1998年３月の決算期に絡んで粉飾決算容疑を受け、同行の旧経営陣３名逮捕された事件。1998年３月期決算において関連ノンバンクなどへの不良債権を処理せず、損失を約3100億円も少なく記載した有価証券報告書を提出し、その結果、配当できる利益がないにも関わらず株主に約71億円を違法配当した、とされる。

［日債銀事件］
旧日本債券信用銀行のバブル崩壊による破綻の責任をめぐり、実際の見積額より少なくしたとして、元会長ら経営陣三名が起訴された事件。大蔵省が1997年７月に不良債権に関する決算経理基準を改正し、貸出先の実態に応じた査定の厳格化を求めたにも関わらず1998年３月期決算について、新基準に従った不良債権処理を行わず、損失を約1592億円少なく算定した有価証券報告書を提出したことに対する違法性が問われた。

いない場合には、公正なる企業会計の慣行に従って処理せよ、ということが法で定められています(たとえば**会社法**では**四三一条**)。

長銀事件および日債銀事件では、両金融機関が、銀行の決算経理基準によって決算書を作成しなければならないにもかかわらず、本来使用すべき経理基準とは別の経理基準を使ったために、虚偽の報告書を作成して提出した、配当利益がないのに株主に違法な配当をしたとして、破たん処理を行った当時の両銀行の経営トップが逮捕、起訴されました。結果としては約一〇年に及ぶ裁判の末、被告人全員が無罪となりました(正確には、長銀事件は最高裁で無罪確定、日債銀事件では、破棄差戻しの判断による高裁判断で無罪確定)。

なぜ「公正なる会計慣行」が争点になるかといいますと、金融商品取引法上の虚偽有価証券報告書提出罪や会社法上の違法配当罪が成立するためには、虚偽の財務諸表、計算書類を作成したことが要件となるからです。この「虚偽」というのは、決算書の重要な部分において「事実と異なる表示」を行うことを指します。「事実と異なる表示」というのは、たとえば会計処理を行う元となる会計事実自体にウソがある場合と、会計事実にはウソはないけれども、会計処理すべきルールの適用が不適切な場合に発生します。公正なる会計慣行が問題になるのは、このルールの適用方法が不適切なケースです。公正なる会計慣行に従ってルールを適用しなければならないのですが、長銀・日債銀事件では、本来使えない会計基準を使ったために、公正なる会計慣行に従わず決算書を作成、公表した、ということが問題視されました。具体的には、金融機関の資産を明らかにするために、取引先に対する貸付金の価値を算定することになるわけですが、どのよう

[会社法431条]
株式会社の会計は、一般に公正妥当と認められる企業会計の慣行に従うものとする。

な基準によって貸倒引当金を積むか、ということが問題となりました。従来の税法基準に従って判断してもよいのか、それとも改正後の客観的な資産査定基準を盛り込んだ判断がなされねばならないのか、といった問題です。

両事件とも、高裁判断までは、決算書作成当時に存在した改正後の決算経理基準によって会計処理を行うことが唯一の会計慣行だったとして、両行が改正前の経理基準に従って会計処理をしたことは、虚偽の決算書を作出したことに該当し、いずれも有罪判決が出ていました。一方被告人側は、改正前の決算経理基準に従うことも当時は排除されていなかった、したがって改正後の経理基準が唯一の会計慣行だったとはいえないと争い続けていました。そして最高裁は、いずれの事件においても、決算書作成当時は、当時存在した改正後の決算経理基準によることのみ要請されていたのか、それとも金融機関が慣れ親しんでいた改正前の基準による処理も許されていたのかは明確ではないために、改正後の決算経理基準のみが唯一の公正なる会計慣行とはいえないとしました。つまり**罪刑法定主義**の考え方からみて、決算書作成当時に明確な処罰ルールが存在していたとはいえない以上、有罪とはできないと判断したのです。

公正なる会計慣行とは何なのか、それは唯一のものであって、他の公正なる会計慣行の併存を認めないものなのか、ということが真正面から争点になりました。

【罪刑法定主義】

ある行為を犯罪として処罰するためには、立法府が制定する法令（議会制定法を中心とする法体系）において、犯罪とされる行為の内容、およびそれに対して科される刑罰をあらかじめ、明確に規定しておかなければならないとする原則のこと

3 法廷意見と古田判事の補足意見

二〇一二年三月、私が所属する大阪弁護士会と日本公認会計士協会近畿会の共催で、弁護士、会計士向けのシンポジウム「公正なる会計慣行を考える」が開催されました。そのシンポにおいて、この長銀、日債銀事件の最高裁判決も討論テーマの一つとして取り上げられたのですが、その準備の打ち合わせのなかで、たいへんおもしろいことに気づきました。

といいますのは、会計の専門家（公認会計士や会計学者）の方々が、「いずれの判決文においても、古田さんという最高裁判事が個人の意見を述べておられるが、この長銀、日債銀事件の最高裁判決を通じて、会計を一番理解しておられる裁判官は古田さんではないか？」との意見が出ていたからです。一人の会計士の方だけではなく、多くの会計士、会計学者の方も同じ意見でした。またこのシンポが終了した後に、知り合いの数名の会計士の方にお聞きしても、やはり同じ意見が返ってきました。

ちなみになぜ五名の裁判官が判断しているにもかかわらず、古田裁判官の意見だけが目立つかといいますと、法廷意見とは別に古田裁判官は（判決文の後半部分において）補足意見を述べているからです。最高裁判決の場合、多数意見が主たる判断理由として述べられるわけですが（これを一般に法廷意見といいます）、最高裁判決では多数意見に同調できない裁判官が反対意見を、また判断理由のなかにとくに個人的な意見を述べたい場合には補足意見を述べることができます。

上の長銀事件、日債銀事件の最高裁判決は、いずれも五名の裁判官の全員一致で無罪（または破棄差戻し）の判決が下りているのですが、いずれの事件でも古田裁判官だけが個人的な補足意見を述べています。これが判決文に記載されていますので、古田裁判官個人の意見を知ることができるわけです。

この会計士の方々の古田意見絶賛について、私にとってはたいへん意外なことでした。私は単純に古田裁判官が検察官出身の最高裁判事だから、（たとえ有罪判決が得られなかったとしても、これまでの検察の立件姿勢は正しかったことを示すために）このような補足意見を「リップサービス」として記載しているものとばっかり認識していたからです。古田裁判官としては、古巣である検察庁が、決して当時の状況からみて、検察独特の論理に従い、国策的な判断の下で長銀、日債銀の粉飾、違法配当を立件したわけではない、ということを最高裁判事の立場で釈明しているにすぎないのではないかと思っておりました（古田判事にはたいへん失礼ですが、私は本当にそのように感じておりました）。

しかしかならずしも法律の世界に精通しているものではない会計士の方々が、シンポの準備のために真剣に判決文を読んだ感想として「古田判事が一番会計のことをわかっている」と漏らしたことは、なぜそのように感じているのか、非常に興味が湧きました。

4 古田裁判官の補足意見の紹介

ここで若干の整理をしておきますと、長銀事件、日債銀事件いずれにおいても、多数意見（法廷意見）は「公正なる会計慣行の内容は、反復・継続して適用されるほどに明確であり、また他の会計慣行は同時に併存しえないほどに唯一のものであることを要し、単に慣行と異なる会計処理が行われたことをもって虚偽記載の刑事責任は問えない」と判断しています。

一方、古田裁判官が補足意見を述べているところを抜粋してご紹介しますと、

（1）長銀事件では

「私は、平成一〇年三月期における長銀の本件決算処理が、当時の会計処理の基準からして直ちに違法とすることはできないとする法廷意見に与するものであるが、以下の点を補足して述べておきたい。

本件は、当時、銀行の財務状態を悪化させる原因であるいわゆる不良債権の相当部分を占めていた**関連ノンバンク**及びその不良担保の受皿となっていた会社など関連ノンバンクと密接な業務上の関係を有する企業グループに対する貸付金等の評価に関する事案である。

関連ノンバンクについては、**母体行主義**が存在していたため、母体行である銀行は、

【関連ノンバンク】
「ノンバンク」とは、消費者金融など、預金を受け入れずに融資業務だけを行う会社。貸金業規正法に基づく貸金業登録会社全体の総称。「関連ノンバンク」は銀行系列のノンバンクすべてを指すもの。

【母体行主義】
一般に、金融機関の関連ノンバンクの経営状況が悪化した際に、設立母体である金融機関が融資額を超えても他の金融機関の融資を事実上肩代わりする、といった（当時の）慣行を指す。

自行の関連ノンバンクに対し、原則として積極的支援をすることが求められる立場にあったと認められるところ、税法基準においては、積極的支援先に対する貸付金には原則として回収不能と評価することはできないという考え方がとられており、この考え方からは、関連ノンバンクに対する貸付金を回収不能とすることは困難であったと思われる。

本件当時、関連ノンバンクに対する貸付金の評価については、関連ノンバンクの体力の有無、母体行責任を負う意思の有無等によって区分して評価することとした九年事務連絡が発出され、これを反映した**全国銀行協会連合会**作成の追加Q＆Aが発表されているものの、同事務連絡自体は公表されておらず、内部文書にとどまっていることからすれば、これに金融機関を義務づけるような効果を認めることは困難であり、また、その適用においても金融機関において相当の幅が生じることが予想されるものであったと考えられる。

そうすると、本件における長銀の関連ノンバンク等に対する貸付金の査定基準は、貸付先の客観的な財務状態を重視する資産査定通達の基本的な方向には合致しないものであるとしても、法廷意見も指摘するとおり、母体行主義のもとにおける関連ノンバンク等に対する貸出金についてこれまでとられていた資産査定方法を前提とするような表現があるなど、少なくとも関連ノンバンクに関しては、同通達上、税法基準の考え方による評価が許容されていると認められる余地がある以上、当時として、その枠組みを直ちに違法とすることには困難がある。

もっとも、業績の深刻な悪化が続いている関連ノンバンクについて、積極的支援先である

【全国銀行協会連合会】
昭和20年に設立された任意団体。普通銀行・長期信用銀行 地方銀行・第二地方銀行が全国主要都市にて銀行協会を組織しており、この各地の銀行協会の連合組織のこと。銀行全体を代表する機関として、金融経済情勢の調査研究ならびに関係官庁や他の経済団体との連絡、各種提言等、銀行業務の改善等に必要な業務を行っている。

ことを理由として税法基準の考え方により貸付金を評価すれば、実態とのかい離が大きくなることは明らかであると考えられ、長銀の本件決算は、その抱える不良債権の実態と大きくかい離していたものと推認される。このような決算処理は、当時において、それが、直ちに違法とはいえず、また、バブル期以降のさまざまな問題が集約して現れたものであったとしても、企業の財務状態をできるかぎり客観的に表すべき企業会計の原則や企業の財務状態の透明性を確保することを目的とする証券取引法における企業会計の開示制度の観点から見れば、大きな問題があったものであることは明らかと思われる。」

と述べておられます。

(2) また日債銀事件判決でも、

「有価証券報告書の虚偽記載を処罰する趣旨は、これが、証券取引市場において、会社の財務状態に関し、投資者等の判断を誤らせるおそれがあることにある。そうすると、有価証券報告書の一部をなす決算書類に虚偽があるかどうかは決算処理に用いたとする会計基準によって判断されるべきところ、金融機関の決算処理は決算経理基準に従って行われることが求められており、本件日債銀の決算書類においても、銀行業の決算経理基準に基づく償却・引当基準に従った旨が記載されている。そこにいう決算経理基準は改正後の決算経理基準であることは明らかであるから、本件決算についてはこれに従って判断すべきことになる。しかしながら、貸付金の評価については、同基準において回収の可能性に関する具体的な判断方法が示されておらず、これを補充するものとして位置づけられていた資産査定通達においても税法基準の考え方によって評価をすることが許容されていたといえるという意味において、これを唯一の基準ということはできないと考える。なお、税法基準の考え方によって評価することが許容されていたとしても、その方法等が税法基準の趣旨に沿った適切なものでなければならないことはもとよりである。」

と述べておられます。

5 古田意見が会計士に評価される理由とは

さて多数意見（法廷意見）と古田裁判官の意見とはどこが異なるのでしょうか？

私は、多数意見が「法の機能」に着目しているのに対して、古田裁判官は「会計の機能」に着目して有価証券の虚偽記載を考えていることに大きな差があるものと考えています。

会計事実に会計基準を適用して、最終的には財務状態を表示する、ということについて認識の差はありません。しかし法廷意見は会計基準を「法ルールと同等」あるいは「法に準じるもの」と捉えることに重点を置いています。まがりなりにも違法配当や粉飾決算が刑事事件で処罰される以上、罪刑法定主義の原則が大前提です。そうしますと、まずは処罰範囲を特定できるほどに明確な行動ルールが存在していなければならない。したがって会計基準が適用される場面を（事

【資産査定通達】
資産査定とは、貸借対照表に計上されている資産の実在性を確認し、査定日現在における価値を算定することであるが、とりわけ銀行経営の健全性が求められることから、資産査定の方法等についての通達が出されていた。

実認定として）詳細に分析して、検察側が唯一の会計慣行と主張している改正後の会計基準が、誰が見ても他の決算基準による処理を排斥しているかどうかを慎重に審議することになります。そして、会計基準を適用して算定された決算書の数値が、現実の金融機関の財政状態を表示するにつき、大きな開きが生じているかどうかという点まで踏み込むことはしていません。

これに対して、古田裁判官は、長銀事件において「企業の財務状態をできるかぎり客観的に表すべき企業会計の原則や企業の財務状態の透明性を確保することを目的とする証券取引法における企業会計の開示制度の観点から見れば、大きな問題があった」と述べ、また日債銀事件判決でも「有価証券報告書の虚偽記載を処罰する趣旨は、これが、証券取引市場において、会社の財務状態に関し、投資者等の判断を誤らせるおそれがあることにある。そうすると、有価証券報告書の一部をなす決算書類に虚偽があるかどうかは決算処理に用いたとする会計基準によって判断されるべきところ」と述べており、原則として会計事実と財政状態の表示における「大きな開き」が重要であることを強調していることがわかります。つまり多数意見は、個別の会計基準に従って処理を行うことこそ大切なのだ、と述べているわけですが、古田裁判官は（裁判の結論としてはやむを得ないけれども）そもそも金商法や会社法に違反するような粉飾というものは真実かつ公正なる概観を示さない決算書を作ることこそ問題行為なのだ、ということに重点を置いています。

この真実かつ公正なる概観を示しているかどうかを会計士がチェックする、という意味は、普段の仕事のなかで最終判断を迫られる会計士の世界にはとてもなじむ考え方のように思えるのです。

たとえばリース取引に係る会計基準というものがあります。その趣旨とするところは、「法的には賃貸借取引であるリース取引について、経済的な実態に着目し、通常の売買取引に係る方法に準じた会計処理を採用する」ことになっています。おそらく会計士にとっては、受験生時代から「法的形式よりも経済的実態」という文言がしみついているはずです。（おそらく、他の会計基準の解釈でも同様かと思います）。このあたりが会計士の心に響く意見といわれるところではないかと思います。

そしてもう一つの理由としては、上の理由とも関連しているかもしれませんが、古田裁判官が会計の機能につき、企業会計原則、企業会計の開示原則の観点（客観性と透明性）を強調しているところです。客観性というのは、誰が会計処理をしても同じ結論になることだと思いますが、これは比較可能性という意味において重要な問題です。また透明性というのは、できるだけ財政状態の内容が容易に理解できるようにという意味で、これも同様に重要な問題です。

ところで、このたびの長銀、日債銀の会計処理で問題となるのが、取引先の種類によって貸倒引当金の積み方が変わる、ということにあります。たとえば引当金の判断対象は関連ノンバンクであったり、重要な取引先であったり、またそうでない一般の取引先です。できるだけ金融機関の資産を客観的に判断することが要請されているにもかかわらず、あるノンバンクについては今後も支援する意思があるので引当ては不要、ある取引先は当行にとって重要なお客様なので最後まで支援するつもりなので引当ては不要、ということが会計処理として通用する可能性があります。しかし、これは金融機関の主観的な判断によってどうにでもなる会計処理であり、財政状態を客観的に映し出すことは困難になります。現に、このような会計処理が通用していたからこそ、金融機関の資産査定は非常に甘くなっていたことが問題視されていたのです。もし法廷意見のよって立つ考え方を重視しますと、個別の会計処理さえ従っていれば、結果としての表示に著しい違和感があったとしても問題にならないのでは、といった誤解を生じさせるのではないかとの会計士の不安が生じるように思えます。これは普段の仕事のなかで、会計士が経営者による事業計画の説明、将来予想や見積りの判断を吟味したうえで、結果の妥当性を探らねばならない悩みの部分を代弁しているように思えます。会計事実が確定され、そこに適用される会計基準が決まれば、まるでパズルのように表示すべき決算内容が出てくる、そういった単純なものではない、という会計士の声が、この古田裁判官の補足意見から垣間見えるのかもしれません。会計士も「できることなら会計事実を機械的に処理したい、そうであればどんなに楽なことだろうか」と考えるはずです。しかし実際は、会社の考えや要望、過去の処理との整合性など、いろいろな制約に縛られて、そのように単純に機械的処理ができるものではないのです。そのあたりをうまく言い当てているのが古田裁判官の補足意見ではないかと思われます。

6

公正なる会計慣行と会計不正事件

こういった議論を会計士の人たちとしているなかで、私自身が理解できていないと感じるところがあります。「会計基準」というものはどういったルールなのか、という素朴な疑問です。ルールを決めること、ルールを選択すること、選択されたルールを解釈すること、そのすべてが「会計慣行」のなかに含まれると思うのですが、法律家の頭のなかにあるのは「ルールを選択すること」だけではないか、ということです。なお、この点については、三洋電機違法配当事件判決（大阪地裁平成二四年九月二八日）が、「ルールを選択すること」と同時に「ルールを解釈すること」も、公正なる会計慣行の問題として含めているところが注目されます。

会計慣行というイメージを法に準じるものとして捉えるのであれば、どのような会計基準を選択するのか、まさに長銀事件や日債銀事件で争点とされたような事案が想定され、裁判所の判断も出されました。しかし真実かつ公正なる概観を表示することが制度会計の目的だとするならば、個別の企業における会計処理方針を決めたり、選択された会計基準の解釈をどうするか、という問題も会計慣行の問題に含まれてくるはずです。そこではルールの選択に限らず、ルールの定立やルールの解釈も問題となるわけですが、そういったものが「会計慣行」というのであれば、それは法律家がイメージしているものよりもっと広いもの（幅のあるもの）ではないか、といった疑問が湧いてきます。そこでは「唯一の会計慣行」とか「会計慣行が併存する」といった概念を超えて、会計慣行の意味を捉えなおす必要があるのではないかとも考えられます。

また、我々法律家としては、「これが会計慣行だ」といった判断については自分の意見であり、セカンドオピニオンもあり得る、という前提で物事を考えているのかもしれません。しかし現場の会計士は、財務諸表や計算書類が適正に作成されているかどうか、それらが世に出る前の最終判定者として意見を表明しなければなりません。被監査企業の会計処理への意見表明という会計監査人の権限は、開示を規制する（世のなかに出ることを差し止める）権限はないものの、適正意見を出さない（ひょっとすると当該企業は上場が廃止されてしまう）とすることで事実上、企業に対して会計処理の適正性を担保させることになります。したがって事後規制としての司法判断と食い違うリスクはあるものの、企業会計の現場では最終判断者たる地位にあるわけです。会計の世界にはセカンドオピニオンはないといわれていますから、担当する会計士の判断は極めて重いわけです。おそらく法律家が考える以上に重いと推測します。そういった最終判断権者としての重責があるからこそ、後日の司法判断で覆る可能性がある、といったことへの違和感や「恐怖心」が強いのかもしれません。

会計士と法律家が「公正なる会計慣行」を研究する最も大きなポイントは、この事前規制的な会計士の判断と、事後規制たる司法判断との齟齬を生じさせないためにはどうすべきか、という点を探ることにあると思います。司法判断のなかで、できるだけ会計慣行の「公正性」や「慣行性」の判断については専門家の裁量に委ねることを認める、司法判断のなかに会計委員会のような裁判官に意見を述べる機関を設ける、といったことも考えられます。どうしても虚偽記載、違法配当に関わる問題ゆえに、法律家の判断が優先するものだとしても、決して後出しジャンケンで現場の会計士の責任が問われないような対策が検討される必要があります。

先ほど述べた点、つまり会計慣行の捉え方については、果たして法に準じるものなのか、もっと広い概念なのか、といった点などは会計監査に携わる会計士の側からももっと社会に対して説明をしなければならない点だと思います。そうでなければ、法律家のもつイメージだけで今後も「公正なる会計慣行」の中身について議論されてしまうことになりかねません。

ずいぶんと会計士の方々に有利なように古田裁判官の意見を解釈してきました。ひょっとしたらまた会計士の方から、違った感想が出てくるかもしれませんが、いずれにしましてもイレギュラーな事件が発生した場合には、監査を担当した会計士が司法判断を受ける立場に立たされる可能性があります。これからも公正なる会計慣行とは何か、これをどのような立場で考えることができれば、そもそも会計士がリーガルリスクを背負わずに済むか、という点について、今後も法律家と会計専門家の間で継続的に研究する機会をもちたいと思います。

なお、章末に、会計制度監視機構という任意団体がかつて研究成果として公表した報告書を添付いたします。私自身も委員として参加し、その原案作成に関与いたしました。本文をお読みになるうえで参考になるものと思います。

【参考資料】（会計制度監視機構によるリリース）

「公正なる会計慣行」とは何か？（研究報告書）

1　現状認識

旧株式会社日本長期信用銀行の平成10年３月期に係る有価証券報告書の提出及び配当に関する決算処理について、これまで「公正ナル会計慣行」として行われていた税法基準の考え方に依拠したことが違法とはいえないものとして、同銀行の元頭取らに対する虚偽記載有価証券報告書提出罪および違法配当罪の成立が最高裁において否定された。本判決は、旧商法32条２項の「公正ナル会計慣行」の解釈に係る最高裁としての初めての判断であり、平成18年５月施行に係る会社法にも、ほぼ同様の規定（会社法431条、同法614条）が置かれていることから、今後も同種事案における重要な解釈指針としての意味を持ち続けるものと思われる。

ところでこの長銀最高裁判決の原審高裁判決は、その大筋において検察官の主張を認めて、平成10年３月期当時の金融機関においては、大蔵省（当時）が発出した資産査定通達によって補充される決算経理基準（つまり改正後の決算経理基準）こそが「唯一の会計慣行」であり、それまで会計慣行とされていた税法基準によって補充された決算経理基準（改正前の決算経理基準）はもはや「公正ナル会計慣行」とはいえないとした。その結果として、改正前の決算経理基準の考え方に依拠して作成された有価証券報告書は虚偽であり、また同様の考え方によって作成された会社計算書類に基づく配当は違法である、と認定した。つまり、最高裁判決と下級審判決との間において、何が「公正なる会計慣行」なのか、解釈が大きく分かれたのである。

また、ライブドアの元代表取締役兼最高経営責任者であった被告人に有罪実刑判決が言い渡された東京地裁判決においては、ライブドア株式売却益の計上方法が虚偽記載に該当するかどうかが大きな争点となり、当時の会計基準に照らして適正な会計処理がなされたか否かを、裁判所がどのように判断するのか注目された。しかしながら裁判所は、当時の「連結財務諸表原則」などの解釈問題、つまりライブドアが出資していた投資事業組合が連結や持分法の対象とすべき子会社または関連会社に該当するかどうかの判断を一切回避したうえで、「そもそも当該投資事業組合は脱法目的で組成されたもの」として、当該組合の存在自体を否定する、という論理を展開した。つまり、当時の会計基準においては、投資事業組合による出資会社の株式売買の会計処理については明確な基準が存在しなかったため、これを損益計算として処理することが「公正ナル会計慣行」に該当するのかどうかを判断すべきであったにもかかわらず、裁判所は当該争点にはまったく触れることなく、ライブドアが株式売却益を損益計算に盛り込んだのは「架空取引」と断定したのである。

以上のように「公正ナル会計慣行」が議論された最近の裁判例をみると、金融商品取引法上および会社法上の刑事犯罪に成否に関わる重大な争点であるにもかかわらず、裁判官の判断内容は大きく分かれており、また今後も同種事案が検察官によって立件された場合には、裁判所によってどのように解釈されるのかは不明である。このような状況において、上場会社の経営者及び法定監査に関与する公認会計士（監査法人）は、何をもって適正な会計処理方針とするのか、またどのように処理すれば犯罪に問われないのか、およそ予見することが困難であり、過度に保守的な対応に終始することが危惧される。一方において、過度に保守的な会計処理は真実の企業会計の実体を投影することができず、企業会計の原則に反する結果を招くのであって、最終的には一般投資家や企業の利害関係人に不測の損害を与えてしまうこととなる。これは株主、一般投資家、債権者等より適正な経営活動の報告を負託された経営者や、その適正性の監査を負託された公認会計士の受託者責任にも発展する可能性がある。

今こそ、「公正ナル会計慣行」とはいったいどのような概念なのか、会社法、金融商品取引法等関連諸法と企業会計実務における会計基準との関係を整理する必要がある。そのうえで企業の真実の姿を適正に映し出す会計処理と許されざる粉飾決算とを明確に区別する方策を検討することにより、上場会社の経営者や会計専門職が安心して企業会計実務に携わる基盤を作り、投資家に正しい情報を提供できる環境を提言する必要がある。

2 「公正なる会計慣行」とは何か?(問題点の整理)

平成17年改正前商法(旧商法)32条2項は、計算書類その他附属明細書を含む商業帳簿作成全般に関し、公正な会計慣行の斟酌が要求されると解されていたものであり、また公正な会計慣行を「斟酌スル」とは、特別な事情がないかぎり公正な会計慣行によらねばならない、と一般に理解されていた。したがって、現行会社法431条に規定する「一般に公正妥当と認められる企業会計の慣行」とは同義である。

また、金融商品取引法に基づく財務諸表、連結財務諸表を作成するにあたり、上場会社は「一般に公正妥当と認められる企業会計の基準」に従うべきものとされているが、とくに企業会計審議会が公表する会計基準は、当該「企業会計の基準」に該当する旨が定められている。しかし、「一般に公正妥当と認められる企業会計の基準」は、会社法431条の「一般に公正妥当と認められる企業会計の慣行」に該当するかどうかについての明文の規定は置かれていない。いずれにせよ、それぞれの法律において「成文法化されていない会計規範の存在」が認識されているようではあるが、その内容については明確にはされていない。そもそも配当可能限度額の算定(剰余金規制)を目的とする商法(会社法)会計と、投資家への情報提供を主たる目的とする企業会計(金融商品取引法会計)とは、その目的を異にするものであるから、会計規範の取扱いについても統一的に理解するための合意形成がなされなかった。

一方会計学の領域においては、会計基準の法規範性が論じられるなかで、企業会計原則のもつ規範性が軽んじられているのではないか、といった危機感が表明されてきたところであり、会計学において対象とされる企業会計の規範が、法規範(商法規定)といかなる関係にあるか、という点についてさまざまな議論がなされてきた。とりわけ会計は制度化された客観的なものとして社会的経済的目的を内在しており、会計学には固有の論理と技術があるため、個々の会計基準については法規範性を論ずるべきではない、とする主張が有力であった。

平成10年には、我が国金融証券市場のグローバル化、金融商品の多様化等を踏まえて、会計基準の一層の整備が望まれたことから、大蔵省（当時）と法務省が共同にて「商法と企業会計の調整に関する研究会報告書」を公表した。そこでは会計目的や計算規定と会計基準の位置づけなどの調整がはかられ、会計と法の整合的理解に向けての大きな転機を迎えることになった。

いずれにせよ、長銀粉飾決算事件判決でみるとおり、強制力によって保障される法目的が会計実務においても重要な地位を占めることは事実であり、会計が法に依存することは否定できないが、一方法がその目的を達成するためには会計に固有の論理と技術を尊重しなければならないことも明らかであり、法律が会計実務及び会計学に依存することは当然のことである。いま「一般に公正妥当と認められる会計慣行」（会社法）や「会計基準」（金融商品取引法及び関連規則）の内容を検討するにあたっては、この法と会計の相互依存関係について十分に確認すべきであり、それぞれのもつ社会的経済的な有用性を相互に十分理解する必要がある。

3　会計制度の変容に合致した理論の再構築

まず、昭和24年に制定された企業会計原則は、主に上場企業を対象として投資家に正確な情報を与えるために証券取引法会計の基準として作成されたものであるため、会社法上の「一般に公正妥当と認められる企業会計の慣行」に該当するかどうかが問題となる。この点については、企業会計原則の前文において「企業会計原則は、企業会計の実務のなかに慣習として発達したもののなかから、一般に公正妥当と認められたところを集約したもの」と述べられていることや、旧商法32条２項が、昭和49年改正によって導入された商法特例法に基づく会計監査人による計算書類の会計監査の基準と、従来から存在した証券取引法に基づく公認会計士による財務諸表監査の基準とが一致するものであることを明確にする目的で置かれた沿革からみれば、企業会計原則は、会社法上従うべき「企業会計の慣行」に含まれるものとみることができる。

次に企業会計審議会が公表する会計基準が会社法上の「一般に公正妥当と認められる企業会計の慣行」に該当するかどうかであるが、これを検討するにあたっては、金融商品取引法上の「一般に公正妥当と認められる企業会計の基準」と会社法上従うべきとされる「企業会計の慣行」との関係について整理しておく必要がある。

たしかに金融商品取引法上の企業会計と会社法会計とでは、投資家への情報伝達目的と配当限度額規制目的の違いが根本にあることは周知のとおりである。しかし、先に述べたとおり旧商法32条２項が規定された沿革や、会社計算規則３条が「一般に公正妥当と認められる企業会計の基準その他の企業会計の慣行」なる文言を用いていること、さらには近時の会社法会計においても情報伝達会計についてはできるだけ企業会計に委ねるという姿勢をとってきており、また配当限度額算定機能についても、会計規定の省令化（会社法による計算規則への委任）を進めることによって企業会計側の変化に会社法側も迅速に対応する傾向にあることに鑑みれば、金融商品取引法上従うべき「一般に公正妥当と認められる企業会計の基準」は会社法上従うべき「企業会計の慣行」に含まれるものと解することができる。したがって、企業会計審議会が公表している会計基準についても、同様に会社法上従うべき「企業会計の慣行」に含まれるものである。

以上の整理を前提として、とりわけ会社法上規定された「一般に公正妥当と認められる企業会計の慣行」の内容について検討する。昨今「会計慣行」については「唯一」のものかどうか、という点が法律学のうえで議論され、また裁判においても争点とされているからである。たとえば粉飾決算が問題とされる企業において、複数の会計慣行が妥当するならば、会計処理方法の１つひとつが「公正な会計慣行に該当するか否か」を検証する必要があるが、同時期に複数の会計慣行が存在しうることを否定するならば、その幅を検証することで足りるからである。そして、これを検討するにあたっては「そもそも会計慣行がルールなのか原則なのか」を整理すべきである。

これまで、個別の上場企業においては同時期に複数の「公正ナル会計慣行」が存在することを肯定する主張があり、一方においては、個別の上場企業において同時期に併存する「公正ナル会計慣行」はありえず、公正な会計慣行の唯一性を強調する主張もなされてきた。しかしながら、これまでの議論を鳥瞰すると、「公正ナル会計慣行」は法規範に準ずるルールであることを出発点（前提）とした議論であるといわざるを得ない。これはおそらく「公正ナル会計慣行」の解釈が、国民に対して強制力を行使する（粉飾決算があれば刑事、民事問題として企業の経営者の法的責任が問われること）判断基準となりうるものである以上、それは法規範に準ずるルールとして「法と同様」に取り扱われるべきものである、との認識が先行していることに起因する。したがって、そこでは「公正ナル会計慣行」について、法と同視しうるだけの「慣行性」が要求され、また内容の明確性が要求され（罪刑法定主義）、さらに根本的な問題として法による委任（強制力行使の正当性）の有無が議論されることになる。

しかし、会社法上の「一般に公正妥当と認められる企業会計の慣行」を解釈するついては、これを法規範に準ずるルールとして捉えるべきではなく、「適切な会計処理方針や会計原則を含む会計上の原則の総体」として捉えるべきである。たとえば個別の会計基準については、ある会計上の事象にあてはめた結果、他に妥当する会計処理方針がなければ「唯一の会計処理方針が適用されること」自体が「企業会計の慣行」に該当するのであり、また別の会計処理方針が適用される余地があれば「複数の会計処理方針が適用されること、そして複数の会計処理方針のなかから、会計原則に照らして妥当と思われる会計処理方針を選択すること」自体が「企業会計の慣行」に該当するのである。つまり、ある特定の会計処理方針が「会計慣行」となるのではなく、個々の企業の会計事実について、会計原則に従って適切な会計処理方針を適用する過程のすべてを指して「一般に公正妥当と認められる企業会計の慣行」と解するべきである。

特定の企業の特定の時期において複数の「企業会計の慣行」が併存しうる、とする議論は、そもそも個別企業における会計処理方針に焦点を当て、これを法規範に準ずるルールとみることが前提とされているが、会計的見地からは違和感を覚えるものである。なぜなら、企業会計原則においては、適切な会計処理方針に基づいて開示されるべき事実につき、「絶対的真実」を明らかにすることが要求されるものではないからである。企業会計原則一において規定されているとおり、企業会計は企業の財政状態及び経営成績に関して、真実な報告を提供するものでなければならない。（真実性の原則）しかしながら、その真実とは「会計上は、相対的な真実性が要求される。これは財務諸表が記録と慣習と判断の総合的な所産であるからである。」とされ、探求されるべきは相対的な真実である。つまり、財務報告とは、あるルールを適用すれば社会的経済的に有用な情報を提供できるというものではなく、どの会計事象にどこから光をあてて、どのように事実を評価すべきか、そしてどのような会計処理方針を選択すべきかを検討して、初めて有用な情報を提供できるのである。言い換えると、「記録と慣習と判断の所産」として出てきた会計的事実こそ、相対的真実性を満たすものとして社会的経済的に有用性あるものとなる。これは立証すべき事実を絶対的事実として捉え（あるいは絶対的に真実であると擬制して）、証拠ルールに則り、そこに法を適用する法（法律学）の考え方とは明らかに一線を画するものである。

また、昨今の会計実務の面から考察しても、これまでの議論は再構築されるべきである。金融商品会計基準にみられるように時価会計基準が導入され、また、貸倒引当金や減損会計、税効果会計、退職給付会計など、企業経営者や監査を担当する公認会計士の公正価値評価や将来見積りを必要とする会計処理が不可欠な時代となった。企業経営者や公認会計士が、株主や一般投資家にいかにして有用な情報を提供するかを検討するにあたり、個別の企業のどの事実を取り上げ、これにどのような会計処理方針を選択するかは、当該企業の内容を熟知した者が判断するのが最も適切であり、個別企業の事情を抜きにして客観的に判断することは困難である。

以上に述べたところから、個々の企業が従うべき「公正妥当な企業会計の慣行」は一定の幅のある概念であり、強調するまでもなく会計慣行は１つであり、併存しうるものでもない。また、ある時期において特定の会計処理方針が「公正妥当な企業会計の慣行」となり得ていたかどうか、といった議論も当を得ないものである。なぜなら個々の企業が法人として事業を継続し、株主や利害関係者に対して財務報告を行うことを負託されているかぎりは、必ず「公正妥当な企業会計の慣行」は存在するのであるから、たとえ特定の会計処理方針を適用することが妥当でなくても、企業会計原則に照らして別途適切な会計処理方針に従って財務報告を行うことが「会計慣行」だからである。

4　司法判断と「公正ナル会計慣行」

会社法上の「一般に公正妥当と認められる企業会計の慣行」が会計処理方針や企業会計原則を含む相当に広い概念だとしても、現実に粉飾決算が発生した場合には経営者や監査人の有価証券報告書虚偽記載罪や違法配当罪などの刑事犯罪が成立し、民事賠償責任が問われるリスクが高まることは事実である。当然のことながら経営者と監査人が共謀したうえで株主や一般投資家に不適切な情報提供を行うことについては厳しく処罰されるべきである。したがって、現在の制度を前提とするかぎり個々の企業にとっての「何が公正妥当と認められる企業会計の慣行か」を最終的に判断するのは裁判所の役割と言わざるを得ない。また、司法に「粉飾決算」の認定についての最終判断権を委ねる以上、責任を問われるべき者の主観的責任をいかにして立証するか、という点についての配慮も必要である。そこで、上記のとおり「公正妥当な企業会計の慣行」を「適切な会計処理方針や会計原則を含む会計上の原則の総体」とみる場合、司法としては粉飾決算か否かをいかなる基準によって判断すべきかが問題となる。

「公正妥当な企業会計の慣行」にいう「公正」とは財務諸表規則や会社法上の計算書類を作成する目的に合致していることを指すものであるが、前述のとおり当該企業にどのような会計処理方針を、どのような原則のもとに適用するのか、という点については、これを適用すべき経営者及び監査すべき公認会計士に広範な裁量が認められている。したがって一次的には現場における企業経営者及び監査責任者の判断に委ねられるべきである。しかしながら、会計慣行の「公正さ」を失わせるおそれのある行為が経営者及び公認会計士に認められる場合には、「公正妥当な企業会計の慣行」から逸脱した会計処理がなされたものと認定されるべきである。具体的には（上場会社を例にとると）適正な財務諸表又は計算書類を作成するために必要な記録が確保されているかどうか、会計責任者又は公認会計士が適切に会計処理方針を選択するために必要な背景事情を把握していたかどうか、会計責任者又は公認会計士において、選択した会計処理方針に基づき、適切な評価判断を下すことができる一般的な注意能力をもっていたか否かによって判断すべきである。「何が公正な企業会計の慣行か」を判断するについて、その「相対的真実性」の観点から、実体的な面については経営者や公認会計士の判断を尊重しつつ、公正性を担保する手続的な面においては司法判断が及ぶと考えるのが、株主や一般投資家、利害関係人への有用な会計情報の提供のためにも、また今後の法と会計の相互依存関係を進展させるためにも最良の方策である。また、裁判所が「何が公正な企業会計の慣行か」に関する最終判断者である以上、司法関係者においては会計実務に精通されるよう、普段の努力を怠らないことを切望するものであるが、近時、裁判所において導入されている医療審理部の医療調査委員会のように、会計処理の適切性が争点となる裁判においては「財務会計調査委員会」を設置し、委員として数名の会計専門職を選任することも適切な方策であろう。

さらに、長銀粉飾決算事件の刑事、民事下級審の裁判経過にみられたように、現状のままでは刑事事件と民事事件において「公正ナル会計慣行」の解釈が異なるケースも想起しうるところである。何が「公正」であるか、何が「会計慣行」たりうるかを関係当事者間において明確にする必要性が高いのであれば、「公開会社法」を制定したうえで、適用範囲を上場会社に限定し、企業会計を法体系に取り込んでしまうことも考えられる。たとえば民間組織である企業会計基準委員会（ＡＳＢＪ）が決定した会計基準については、法律や政省令による個々の委任もなく、そのまま法として扱うことも可能となる。また、上場企業のみに適用される法律の解釈であれば、裁判所は企業会計制度における「法目的」を一元的に考慮しながら、より情報提供機能を重視した「慣行」の解釈が可能になり、何が「公正妥当な企業会計の慣行」に該当するか、企業会計実務に関与する者にとって、その予見可能性は高まるであろう。

なお、このような基準によって「粉飾か否か」を司法が判断することにより、経営者や公認会計士に対する粉飾決算の主観的責任（とりわけ刑事責任における故意の立証）を問うことが困難になるのではないか、との懸念もあるが、そもそも粉飾決算が問題となりうる事案においては、経営者が公表すべき事実を隠匿すること（たとえば記録すべき事実を記録していない、報告すべき事実を監査人に告げていない等）や、公認会計士が経営者と共謀していたこと等、行為の悪質さを裏付けるような間接事実の積み重ねによって認定されるものであり、「公正な企業会計の慣行」に従っていたか否かという主観的な認識のみによって判断されるものではない。また、刑事及び民事上の責任を問われる前提となる「何が粉飾決算にあたるか」を予見しなければならないのは、主に上場企業の経営者、監査に携わる会計士が想定されるから、たとえ「公正な企業会計の慣行」の判断には、当該経営者及び公認会計士に広範な裁量の幅が認められるとしても、裁判上において会計専門家の意見聴取などによって「著しく裁量を逸脱した会計処理方針、会計方針の適用方法」がなされたことの認定は可能であろう。したがって、とくに上記のような判断基準を採用したとしても、粉飾決算事件における主観的要件の立証困難性には結び付かないものと思料される。

5　今後の課題（原則主義の導入と国際会計基準）

我が国では現在、企業会計基準委員会（ＡＳＢＪ）が、精力的に国際財務報告基準（ＩＦＲＳ）への収れん（コンバージェンス）に取り組んでいる。しかしながら2008年８月、米国ＳＥＣが「米国企業に対するＩＦＲＳ適用に関するロードマップ案」を公表し、ＩＦＲＳの適用（アドプション）の可能性を示唆したことで、日本の会計基準の方向性についても新たな局面を迎えることとなり、企業会計審議会においてもＩＦＲＳの適用問題の議論が開始されることとなった。そこで、「公正妥当と認められる企業会計の慣行」と国際会計基準の導入問題について検討を要する課題が浮上している。

国際会計基準はイギリスの会計基準と同じく目的指向型の原則主義（プリンシプルベース）を基本とするものであり、日本基準と異なり会計基準に詳細な規定が置かれることはなく、あくまで原則的な基準を示すという方針が貫かれており、個別具体的な問題については企業ごとに判断をさせ、その適否は監査人の専門的判断に委ねるという方法が採用されている。つまり個々の企業における財務報告にあたり、どのような会計処理方針を適用し、どのような方針で判断を下すべきか、については、会計責任者と会計専門家のもとで制度目的に合致するところを斟酌しながら合理的に検討することとなる。これまでの「公正ナル会計慣行」に関する議論は、詳細な会計基準やガイドライン（実務指針）などの存在が前提となり、どの会計処理方法が法規範に準ずるようなルールに該当するのか、といった思考過程を辿っていたものであるが、今後国際会計基準を適用する場面になると、その思考過程は通用しない可能性は極めて高いものと思われる。とりわけ原則主義を採用するＩＦＲＳの理解および適用にあたっては、国際会計基準審議会（ＩＡＳＢ）「財務諸表の作成及び表示に関するフレームワーク」を十分理解する必要があるが、この「概念的フレームワーク」自体が「公正な企業会計の慣行」といかなる関係に立つのか（法規範に準ずるものなのか、会計基準の１つとみるべきか等）が問題となるであろう。国際会計基準の大きな特色である原則主義の導入という観点からも、今後の「公正妥当と認められる企業会計の慣行」の理論的再構築が望まれるところである。

さらに根本的な課題として、仮に国際会計基準を日本の財務諸表作成及び計算書類の作成のための会計処理方針として導入した場合、なぜ「公正な」会計慣行として受容されるのか、という問題がある。金融商品取引法下における企業会計においても、また会社法会計においても、会計基準が公正であることが担保されるのは、その基準を適用することがそれぞれの法目的に合致した会計処理がなされ、同様の会計処理が広く普及した（あるいは普及することが予定されている）からであろう。しかしながらＩＦＲＳが国際的に広く通用する会計基準であるとしても、日本法の目的に合致した会計処理基準であることは、何をもって担保されその「公正性」が維持されるのかは明らかではない。１つ解決口を見出すとすれば、それは日本基準とＩＦＲＳとの同等性（連続性とも言いうるであろう）に依拠することであろう。つまり、ＩＦＲＳを直接適用するにあたり、すでにその時期において国際会計基準とほぼ同等の日本基準に基づく会計処理方法、処理方針が広く普及しており、その日本基準が「公正」であると認められることである。本稿で述べたように「公正な企業会計慣行」を捉えるのであれば、国際会計基準が直接適用（アドプション）されたとしても、日本基準と同等であり、またそれが相対的真実を表現するに適したものと認められるかぎりにおいては、日本法下における「公正な企業会計慣行」に基づいた会計処理方法として法律的にも受容されることになるものと思われる。結局、2011年のゴールに向けて、さらにコンバージェンスを進めることがＩＦＲＳの適用のための重要な前提条件となるのである。

6　まとめ

会社法は、我が国の経済政策の重要な制度的インフラとして、その在り方が議論されるようになり、会社法の改正もまたこの議論のなかで行われるようになった。そして、会社を取り巻く法制度全体からみると、「会社法」はその歯車の一部にすぎず、他の歯車となる諸法制とうまくかみ合ってこそ、法は全体として会社制度を支えていくことができる。これは企業会計制度についても同様である。資本市場の活性化に向けて、上場企業が持続的成長を遂げるためには、会社法、金融商品取引法そして企業会計制度がそれぞれ相互に連携協調するなかで、よりよい制度の在り方を模索する必要がある。「公正ナル会計慣行とは何か」法と会計の垣根をとりはずし、社会的環境の変化を受容しながら試行錯誤を重ね、法律実務家と会計実務家の間において、机上の理論ではなく企業実務に有用性のある意見を形成すべき、との認識を共有すべきである。

8章

会計士と監査役の連携に関する本気度

1 はじめに

日本企業のコーポレートガバナンスの脆弱性が大きな話題となったオリンパス事件と大王製紙事件。二〇一一年は企業コンプライアンスに関心のある方々にとって非常に注目される不祥事が続きました。とくにオリンパス事件は反社会的勢力との関連が当初噂されたこともあり、海外でも大きく報じられました。また、こういった事件を通じて、日本のガバナンスの特殊性が海外の機関投資家からも批判されることになりました。

財テク失敗の隠ぺい、その解消のためのスキーム、そして創業家経営者による一〇〇億円以上の子会社資金の流用など、それぞれの不祥事の発端となる事件は、いずれも各企業の特殊事情に基づくものです。日本の経済団体は、こういった一連の不祥事は、個別企業における特殊な事情が原因であり、ほとんどの企業のガバナンスはしっかりしている、日本のガバナンスの脆弱性を象徴する事件ではないと力説しています。

たしかに不祥事の発端となった事件は、個別企業の特殊な事情に起因するものです。しかし不祥事はそれだけではありません。たとえ発端となる事件が発生したとしても、これを早期に発見し、効果的に対応していれば不祥事は未然に防止できるか、もしくは防止できないとしても最小限度の被害に抑えることができたはずです。つまり、最近の一連の企業不祥事に特徴的なのは、不祥事が発生した後、この不祥事に長い間気づかなかった、もしくは気づいていたが、何もできずに放置していたという、いわゆる「二次不祥事」が発生していたことにあります。オリンパス事件が発覚した直後に設置された第三者委員会の報告書は、不正が長年温存されてきたオリンパス社の組織的背景を「悪い意味でのサラリーマン根性の集大成」というショッキングなたとえで表現しています。この不祥事を発見できない（もしくは発見しても何もしない）組織的構造こそ不祥事の一面であり、これは「個別企業における特殊な事情」とはいえません。特殊事情による不祥事は個別企業特有のものであったとしても、その不祥事が、とんでもなく大きなものに変わっていく過程においては、「気がつかない」「気がついても誰も口に出さない」という、どこの組織でも起こり得る病理的現象が存在します。昨今の一連の企業不祥事から学ぶべき課題は、こういった「どこの企業も抱えていると思われる組織的構造（不祥事の芽）」をいかにして変えていくべきか、ということに尽きると思います。

とくに上場会社の場合、どこの会社にも監査役（監査役会）と会計監査人が設置されています。彼らは本来、会社の作成する財務諸表や計算書類が、適正に作成されたものかどうか、書類のチェックや現場の往査を通じて確認する立場にあります。とりわけ会社の役職員が会社資金を横領したり、会社の業績をごまかしたりする場合には、監査役にはこれを早期に発見し、適切に対応する役割も期待されています。

昨今の一連の企業不祥事にあたり、監査役や会計監査人（公認会計士・監査法人）が「期待されている役割」を果たしていたのかどうかが問われています。そこで、以下では「会計監査人と監査役の連携や協調」は不祥事の防止・発見のために機能しているかどうか、またどうすれば機能するのか、という点について考察してみたいと思います。

なお、細かいことをいえば、会社法上の会計監査人と金融商品取引法上の公認会計士、監査法人とは異なる立場にありますが、日本の場合は同じ監査法人の同じスタッフの方々が両方を兼務することが通常なので、ここではザックリと「会計監査人」という言葉で統一してお話を進めることにします。

2

会計監査人と監査役の連携は機能しているか

会社法上、監査役は会計監査を行う職責がありますが、上場会社の場合には一次的には職業専門家としての会計監査人が会計監査を担います。しかし、取締役の職務執行の適法性を監視するのと同時に会社の計算書類等のチェックを行うのは監査役の役割です。したがって、もし計算書類をチェックして、おかしな点が見つかった場合には、それらの書類にミスがあると同時に取締役の職務執行にも問題があるわけですから、監査役がこれを取締役（取締役会）に指摘しなければなりません。また、会計監査を担当する会計監査人は、日常の監査において不正を発見した場合には、これを監査役に報告することになります。

そして、監査役も会計の専門家ではありませんが、日常の業務監査のなかで、会計不正に関連するような問題点を発見したり、内部通報等によって不正情報の提供を受けた場合には、その原因を追及するために会計監査人と情報を共有する必要があります。監査役から受けた情報をもとに、会計監査人が不正を発見することにもつながります。このようなことから、モニタリングの実効性を高めるために、会計監査人と監査役との連携の必要性が唱えられ、日本公認会計士協会でも、また日本監査役協会でも、それぞれ「連携と協調」に関する**共同研究報告**が出されています。

しかし、こういった共同研究の成果は本当に出ているのでしょうか。オリンパス事件や大王製紙事件では、それぞれ第三者による調査委員会が設置され、その報告書も公開されています。各事件の第三者委員会報告書を読むかぎりにおいては、会計監査人と監査役との連携が機能していた、とは評価しにくいところです。たしかに経営トップの行動について「おかしい」とか「怪しい」と気づき、連携したと思われるところもありますが、不祥事の調査や損害抑止のための行動が伴っていたかどうかは極めて疑問です。オリンパス事件も大王製紙事件も、不祥事の内容はマスコミで大きく報じられましたが、報じられるのは一次不祥事（つまり損失飛ばしの隠ぺい、解消スキームや経営者が流用資金を何に使ったのか、という点）ばかりであり、なぜ監査役や監査法人が早期に発見できなかったのか、なぜ「おかしい」と思いながらアクションを起こさなかったのか、という点については大きく報じられることはありませんでした。ときどき新聞等で報じられることはあっても、それは監査法人や監査役個々の問題としてであり、「会計監査人と監査役との連携問題」にまで触れているものは皆無です。

【共同研究報告】
平成17年７月29日付で公表された「監査役若しくは監査役会又は監査委員会と監査人との連携に関する共同研究報告」。平成18年２月に公布された会社法施行規則および会社計算規則において、監査役はその職務を適切に遂行するために、必要な者との意思疎通を図るよう努めなければならないとされ、会計監査人は、その職務の遂行に関する事項を監査役等に通知しなければならないとされるなど、両者の連携は監査に際して不可欠のものとなっている。

おそらく一般の方々には、この「連携問題」はあまり知られていないからではないかと思います。

3 連携の在り方を考えるうえで重要な裁判例

会計監査人と監査役との連携を考えるうえで、とても重要と思われる裁判例をご紹介したいと思います。

一つは農業協同組合の**監事**の任務懈怠が認められ、組合に対する損害賠償責任が発生する、とされた事例です（平成二一年一一月二七日最高裁判決　判例時報二〇六七号一三六頁）。O農協の理事長が、理事会の決議を得ずに独断で組合資産を費消してしまったために会社に多大な損害が発生しました。この理事長の不正な行為について、監事（株式会社の監査役とほぼ同じ立場です）は未然に防止することができたにもかかわらず、これを止められなかったことは任務懈怠にあたるとして訴えられた事例です。

原審（広島高裁岡山支部）は、この監事の職務について、O農協の監事の職務内容は毎年慣行化しており、被告である監事も慣行どおりの職務を尽くしていたのであるから任務懈怠は存在しないと判示しました。ところが最高裁は原審を破棄して、組合側の逆転勝訴、この監事については任務懈怠ありと認め、損害賠償責任を肯定しました。

最高裁は、たとえ（監事監査に関する組合内の）慣行があったとしても、監事に対して法が要求

【監事】
農業協同組合や生活協同組合などの組織においては、株式会社の監査役に該当する役職として「監事」が設置されている。

する職務は尽さなければならない、本件では理事長の行為が善管注意義務違反に該当することは「明白」であり、そうであれば理事会に出席して、その不正の疑いを解明する責任がある、それをしなかった監事には任務懈怠が認められる、というものでした。ちなみに最近の**農協法**では、会社法と同等の組織体制を農協に求めていますので、農協法上の監事の権利義務は会社法上の監査役のものとほぼ同等と考えられます。

この最高裁の判断で重要なポイントは、一連の理事長の不正行為は監事が普通に監査をしていれば「おかしい」と感じることができた、そしておかしいと感じたのであれば、有事対応としてその解明作業をしなければならない、という点を指摘しているところです。つまり監事の目の前に「異常な兆候」が現れた場合には、この異常な兆候が不正に結びつくものかどうかを調査しなければ善管注意義務違反に問われるということが示されています。逆に考えますと、一般に法が要求する程度の監事としての仕事をしていても見抜けないような不正行為については、監査見逃し責任を問われない、ということです。

そしてもう一つの判例は、釧路生協組合債事件判決です（札幌高裁平成一一年一〇月二九日文献番号1999 WLJPCA 10296013）。業績の振るわない生協において、資金調達のために組合債を発行することになりましたが、この生協の理事らは業績をよくみせるために粉飾を行い、この「みせかけの業績」を信じて多くの組合員が組合債を購入しました。ところが、その後組合が破たんし、組合債の元本返済が困難となったため、購入した会員に多額の損失が発生しました。組合債を購入した組合員らによって「組合の監事がしっかりと粉飾を見抜いていれば、このような損害を受

【農協法】
農業協同組合法。農業協同組合や農業協同組合連合会等の組織・事業・運営等について規定した法律であり、ガバナンス規制については会社法の規制に準じるものとなっている。

けることはなかった」として、損害賠償を監事らに求めたのが本件の裁判です。札幌地裁（原審）では、理事らの行った粉飾決算が巧妙であり、そのからくりは公認会計士のような会計専門家でなければ見抜けないようなものであるから、監事が粉飾を発見できなくてもやむを得ないもの、つまり任務懈怠には該当しない、として監事らの損害賠償義務を認めませんでした。そこには「監査らが粉飾を見つけることは困難」とする会計専門家の意見書も添付されていました。

しかし札幌高裁は、原審とは逆に生協監事の任務懈怠を認定し、その損害賠償義務を認めました。判決の概要は、

「たしかに監事の職務は会計監査ではなく、財産及び業務執行の監査である。しかし、新規の投資が進んでいたわけでもないのに総資産が毎年増大し、組合債の発行額が毎年著しく増加していたこと等の事情から考えると、監事は常勤理事らに対して説明を求める等の調査によって、常勤理事会で決定された決算が不自然あるいは不当であると指摘することが困難であったとは認められない。本組合の監事らは、決算書の金額が資料と一致するかどうかを確認する程度の監査をしただけで、決算が不自然あるいは不当である等の指摘をすることがなく、そのため粉飾決算が継続されたのであるから、適切な監査をすべき義務を怠ったというべきである。」

とされています。

これら二つの判決に特徴的なのは、監事（監査役）は、法で定めている職責を全うし、そこで目にとまった「異常な兆候」「不正の兆候」については、（たとえ調査の結果が不明であったとしても）調査をして、その兆候の原因を解明する努力をしなければ任務懈怠に問われる、ということです。

まじめに監査をすれば容易に発見できる異常兆候が存在するのに、これを放置してしまっては監事（監査役）としての職務の放棄ということになるのでしょう。

とくに釧路生協組合債事件高裁判決の教訓として、監査役は会計の専門家ではないのだから、粉飾を発見できなくても仕方がない、任務懈怠にはならない、といった結論には至っていない点は注意が必要です。会計監査の専門家ではなくても、業務監査のなかで「おかしい」と感じたことがあれば、自分で調査するだけでなく、理事にヒアリングをしなさい、それでもわからなければ専門家に聞きなさい、それくらいなら会計の素人である監査役でもできるはずだ、そこまでやっても粉飾が発見できなければ仕方がない、という理屈が成り立つことを示しています。

この理屈は、発見スキルに関するレベルの差はあるかもしれませんが、監査役だけでなく、会計監査人にもあてはまることは間違いないものと思われます。会計監査において不審な点が発見された場合、監査役に業務監査の結果を聞きなさい、もしくは業務監査を指示しなさい、というものです。

4 異常兆候の補完関係

昨今の一連の会計不祥事を受けて、二〇一二年三月二九日、日本公認会計士協会と日本監査役協会は「**企業統治の一層の充実に向けた対応について**」と題する共同声明を公表しています。

【企業統治の一層の充実に向けた対応について】
近時における一連の企業不祥事を受け、日本の企業統治に対する内外の評価が厳しいものになっている、との共通認識から、日本監査役協会と日本公認会計士協会が不祥事の原因究明に努力すること、企業統治に携わるすべての関係者の期待されている機能と役割を謙虚に振り返ることの重要性に鑑みて公表したもの。

その内容を要約しますと、

「日本監査役協会と日本公認会計士協会は、企業統治の向上に向けてそれぞれが担う監査業務の品質を高めることによって、企業が提供する情報の信頼性を高めると同時に、企業活動の健全化に資することができるとの共通の認識に立脚し、従来より、監査役若しくは監査役会又は監査委員会と監査人との連携に関する共同研究報告の公表及びそれぞれの実務指針等の作成・浸透の施策を通じ、監査実務における連携を深めて参りました。

企業統治の一層の充実という要請に応えるために、監査役及び監査人は、相互の信頼関係と緊張感のある協力関係の下で真の連携をより深化させ、監査品質のさらなる向上に取り組んでいく所存です。同時に、監査役及び監査人が、双方向からの積極的な連携を従前以上に強く認識し、それぞれの職務を確実に遂行することも重要であると認識しております。・・・監査役(会)及び監査委員会と監査人の機能、役割を踏まえ、それらを十分に発揮すべく、それぞれの行動指針及び実務指針等の一層の整備・浸透を図るとともに、行動指針及び実務指針等にのっとり職務の確実な遂行を行うための施策に一層注力して参ります。なお、当面の施策として、連携に関する共同研究報告の見直し等を進めて参ります」

というものです。

従来から会計監査人と監査役は、不祥事防止に向けて連携をしていたということですが、今後はさらなる連携の在り方を模索する、とあります。

会計監査人と監査役の連携・協調はどこまで本気で進められるべきか、ということは今後も不祥事の早期発見、損害防止のために重点的に検証していく必要があります。第3節で裁判例を紹介しましたが、異常な兆候を知った監査役、会計監査人は、いわゆる有事対応が求められ、その有事対応の是非が善管注意義務の問題として法的評価の対象となります。つまり、有事における会計監査人、監査役の不正発見・不正防止に向けた本気度が試されるわけです。

会計監査人が監査の時点に「おかしい」と感じるところがあれば、これを監査役に報告することが求められます。報告を受けた監査役は、異常な兆候に触れたわけですから、その時点で「有事の意識」に切り替えなければなりません。たとえば監査役会を構成する監査役が三名存在するとなると、その三名で有事意識を共有することが肝要です。これまで私は何度か会計不正事件の裁判に関与したり、調査委員会の委員補佐に就任したことがありますが、効果的な不正の早期発見や早期対応のためには、どの時点で監査役間における有事意識が共有されたのか、ということが非常に大切なことと理解しています。異常な兆候といいましても、これを異常とみるのか、正常とみるのかは人によって異なります。だからこそ、この「有事意識の共有」というのが意外と難しいのです。もし会計監査人から「異常」と思われる事情が指摘された場合には、これは監査役が有事意識を共有できるよいチャンスであり、この時点から監査役会としての有事対応が期待されます。ひょっとすると経営陣と対立しなければならない場面になるかもしれません。しかし、それでも監査役として任務を全うするための体制が整うことになります。

一方会計監査人も、監査役から社内における異常兆候に関する指摘を受け、これが会計監査に関わる問題であるならば、不正発見のための有事対応が求められることになります。一般には会計監査人は財務諸表、計算書類が適正に作成されているかどうかを監査することが目的であり、不正の発見は目的ではない、（もしくは副次的な目的にすぎない）といわれています。しかし重要な虚偽表示の可能性が存在する場合には、サンプル数を増やすなどにより、厳格なテストが求められます。単純な計算ミスではなく、不正（とくに経営陣が関与する不正）が発見された場合には、財務諸表や計算書類の適正性に及ぼす影響が大きいわけですから、不正リスクが大きい場合には念入りに調査することが求められます。会計監査にリスク・アプローチの手法がとられるようになった今日では、ますますその必要性は高まっているものと考えられます。

たとえば監査役から不適切な会計処理が故意に行われていることを疑わせるような情報を入手した場合には、不正リスクが高まることで、会計監査人には、より厳格な監査が求められることになります。もし監査役から有力な情報提供がなされたにもかかわらず、有事対応をせずに監査を続け、その結果として粉飾が発見できなかった（もしくは発見が遅れた）とすれば、これは会計監査人の任務懈怠が問題とされ、法的責任が認められる可能性が高まるということになります。

このように、会計不正事件との関連でいえば、会計監査人と監査役との連携は、「異常な兆候」「不正の兆候」を共有することで補完関係にあります。上手に制度を運用することで、監査見逃しという「二次不祥事」を防止し、不祥事の早期発見、損害抑止のために監査制度が有効に機能することになります。

5 会計士はどこまで監査役を信じる?

さて、これほどまでに企業不祥事対策として「会計監査人と監査役との連携」が重要と思われるにもかかわらず、前にも述べたとおりこれまでどうもうまく機能しているようには思えません。いずれの立場からも、本気で連携しよう、という気持ちが表れていないように思えます。

たとえば大王製紙の創業家元会長による短期貸付金流用事件ですが、この事件に関する特別調査委員会報告書（平成二三年一〇月二七日付け大王製紙株式会社元会長への貸付金問題に関する特別調査委員会作成にかかる調査報告書）によりますと、大王製紙の子会社（当時）であるエリエールペーパーテック社が元会長に一五億円ほどの金員を貸し付けた際、監査役と会計監査人は、この会社に**往査**に出向いています。おそらく往査の直前に、**連結パッケージ**を監査した会計監査人が、この短期貸付金の存在に気がついたことがきっかけと思われます（同報告書一〇頁）。往査に出かけたのは、本件が内部通報によって大王製紙社の社長の知るところとなり、会社自身が対外的に公表する一年前のことです。

エリエール社に出向いた際、会計監査人と監査役は、当該貸付担当者から事情を聞こうと思えば聞けたにもかかわらず、実際には聴取していませんでした。なぜ事

【往査】
監査役監査、会計監査人による監査において、監査の実施における方法。監査人自らが被監査会社の特定の現場に出向き、資産の現物、会計記録および関係書類等に対して実査などの監査手続を実施することを指す。監査役監査の場合には、業務監査のための監査手続きとしても広く実施されている。

【連結パッケージ】
連結財務諸表等を作成しなければならない親会社が、子会社や関連会社から入手する基礎情報。企業集団ではグループの決算書である連結財務諸表等を作成しなければならないが、作成にあたり各社の財務諸表を単純に活用するわけではなく、各種の調整を行わなければならないため、基礎情報が必要になる。

情を聞こうとしなかったのかは理由がわかりません。ただ、創業家一族が不正に手を染めるようなことは信じ難いところもあり、この時点では未だ有事意識を共有していなかったのではないでしょうか。

平成二三年九月、今回の事件が発覚することになるわけですが、同年六月末に公表された有価証券報告書には、元会長による関連会社との取引金額が記載されていました。つまりこの時点で明らかに「異常な兆候」は監査役や会計監査人の目に触れる状況にあったわけです。ただ先の調査報告書によると、監査役はこの有価証券報告書のチェックを（開示前に）行いましたが、経理担当取締役が、この関連会社と元会長との短期貸付金取引部分まで監査役には報告書の原稿を配布していなかったそうです。そうであるならば、監査役が元会長による不正流用をチェックできなかった可能性もあります。

しかしどうしても疑問が残るのが、「会計監査人と監査役との連携」問題です。先に示したように、事件が発覚する一年も前から、元会長個人に対する多額の短期貸付金の存在を、会計監査人と監査役が把握しており、最初に貸付を行った子会社へも監査に出かけているのです。その後も貸付金の金額は減るどころか急激に増加しています。おそらく、二〇一一年三月末の時点や、同年五月の監査役監査の時点など、何度も監査役と会計監査人との監査報告会の場が設けられていたはずです。にもかかわらず、元会長による貸付金問題がこの協議の場で検討されていなかったとは、どうしても思えないのです。いくら創業家の支配力が強い企業であるとはいえ、会計監査人は大手の監査法人ですし、また大王製紙にも複数の社外監査役が存在します。外形的にはガバナンスのしっかりした会社のようにみえるのですが、なぜ異常な兆候を把握しつつも、その対応を協議することなく、そのまま内部通報が社長の元へ届くまでアクションを起こさなかったのか、極めて疑問が残るところです。

おそらく「会計監査人と監査役との連携に関する本気度」というものは、まだまだ薄いのではないでしょうか。とくに「監査役といえども、しょせんは会社側の人間。いざというときに、本当に社長と対峙することはできるのだろうか」といった会計監査人側からのホンネが聞こえてきそうです。「連携と協調」といってみても、本当のところはお互いに本気で信用できる関係が未だ成り立っていないものと思われます。

最近は、**会社法改正審議**などを通じて、ガバナンス強化の一つとして監査役による**会計監査人選任権**、**報酬決定権**を会社法で規定することが求められています。監査役の権限を強化して会計監査人の独立性を高めることが狙いですが、連携することへの覚悟というものがなければ、制度趣旨が実現するようには思えません。制度改革の前に、現在の制度をうまく運用することのほうが大切ではないでしょうか。また、日本監査役協会や日本公認会計士協会が連携・強調に関する共同声明を出すことも大切ですが、一番大切なのは、個々の企業での取り組みです。各企業において連携や協調の在り方はまったく異なります。したがって、個々の企業がどのような形で連携していくべきなのか、十分な協議が行われ、これを実践していくことが最も大切なことです。

【会社法改正審議】
平成24年12月時点において、会社法改正要綱が公表されており、同25年もしくは同26年の通常国会において改正法案が提出される見込みである。

【会計監査人選任権】
監査役に会計監査人の選解任等に関する議案等の決定権を認めるもの。現在審議中の会社法改正により認められる予定である。

【報酬決定権】
監査役に会計監査人の報酬等に関する決定権を認めるもの。今搬の会社法改正で審議されたが、改正は見送られた。

6

中小規模上場会社こそ連携が必要

このように、有事の対応を例にとりますと、「それは不祥事が発生した企業にとって重要な話であり、とくに不祥事が発生していない企業では大きな問題とはいえないのではないか」との反論がありそうです。

たしかに法的な問題が現実化するのは有事です。しかし、普段からきちんと対応していない企業にとって、果たして効果的な有事対応が可能でしょうか。平時に信頼関係を築けていない監査役と会計監査人の間で、いきなり有事対応を実践できるとは到底思えないのです。

この傾向は、とりわけ中堅・中小規模の上場会社に強くあてはまるものです。中堅・中小規模の上場会社の場合、創業家一族やワンマン経営者、大株主（親会社）等の意向が経営判断に強く反映します。そのため監査役監査がどれほど経営判断に影響を及ぼし得るものかは心もとないところです。実際、最近の日本監査役協会のアンケート調査結果などをみても、中堅・中小規模上場会社の常勤監査役の方々の悩ましい姿が垣間見えます。

そのような状況のなかであっても、監査役としての職責を全うしなければなりません。そのためには有事意識を共有できる体制を平時から構築する必要があります。具体的には親会社監査役らとの監査役連絡会議等の設置、監査法人との連携ガイドラインの策定、経営執行部との定期的な会合（とりわけ会計監査に関するもの）の設置等が考えられます。いざというときに監査役が信頼に足る存在でなければ、重要な情報は会計監査人から届かなくなりますし、経営執行部が監査役の進言に耳を傾けなくなります。また親会社監査役との情報共有は、経営陣による経営判断の適法性を判断する有力な手掛かりになります。こういった平時からの努力の積み重ねによって、有事対応の実効性は生まれてくるのです。

7 「会計監査人と監査役の連携」は開示せよ

前にも述べましたように、一番大切なのは個々の企業でどのように監査役と会計監査人が連携していくか、これを検討し実践することにあります。ただ、上場会社といいましても、従業員何万人という大規模な会社、世界中に連結会社をもつグローバルな会社、そして中小規模の会社など構造的にも大きく異なります。したがってどのようなタイプの会社にも適用可能な「連携と協調に関するベストプラクティス」というものは、なかなか想定しづらいと思います。法や自主ルールで「このように連携しなければならない」といった細かい規制をかけることも現実的ではありません。

そこで、開示規制によって各企業の取り組みをガバナンス報告書や有価証券報告書において（概要だけでも）公表することが適切ではないかと思います。開示といいましても、重要な不正リスクまで開示する、ということは（企業秘密にも関わるものなので）非現実的です。むしろどのように協議しているのか、その運用を中心に開示することが効果的だと思います。現在でも監査役と会計監査人との連携状況は有価証券報告書によって開示しなければなりません（平成一七年内閣府令第三四号）が、どの会社も、具体的な連携状況にまで触れていません。つまり細かいところまで開示する必要はありませんが、年間の運用状況を中心に、当該会社ではどのように監査役と会計監査人がモニタリングのうえで協働しているのか、投資家や株主、会社債権者に理解してもらう工夫が有効ではないかと思われます。

たとえば日本監査役協会平成二三年八月二五日改正「会計監査人との連携に関する実務指針」には、連携に関する具体的な例示が詳細に掲載されています。会計監査人↓監査役、監査役↓会計監査人の双方向に、提供すべき情報の範囲（平時を想定）、連携のための会合の時期、会計監査人選任時や契約更新時期における協議、監査計画策定時における協議、四半期レビュー時における協議、期末監査時における協議等について、どの程度の協議を行ったのか、ポイントだけを開示するだけでも投資家にとっての重要な情報になり得るはずです。ただし有事対応に関する協議については少し微妙な問題を含むことになりますので、開示できる範囲は限定的にならざるを得ないでしょう。

たとえば私が社外監査役を務めた上場会社では、会計士資格を有する社外監査役が就任しています。いわゆる「**財務会計的知見を有する監査役**」ですが、このような監査役が効果を発揮するのは、まさに会計監査人と監査役との連携の場面です。こういった社外監査役が連携に果たす役割等についても各社工夫があれば開示情報としての価値があると考えます。

【財務会計的知見を有する監査役】

監査役による効果的な会計監査が行われるためには、財務・会計に精通した者が就任することが望ましい。会社法施行規則においても、財務・会計的知見を有する社外役員が存在する場合には、これを事業報告によって開示することが求められている。

監査役や会計監査人によるモニタリングへの期待は近年非常に高まってきています。以前は「閑散役」などと皮肉をいわれていた監査役ですが、企業不祥事が発生するたびに「監査役は何をやっていたのか」と世間から批判を浴びるようになってきました。あまり監査役の実効性に期待が寄せられていなかった時代には、監査役に対する法的責任追及がなされませんでしたが、最近は取締役らとともに、監査役も監査見逃し責任を法的に追及されることが増え、実際に株主代表訴訟や第三者による損害賠償請求訴訟でその責任が認められる事案も出てきました。こういった会計監査人と監査役との連携がうまく機能することで、不祥事発生を早期に発見することができるようになるだけでなく、たとえ法的な責任を追及されるような場合になっても、任務懈怠に問われる可能性はかなり低減されることになろうかと思われます。また、有事対応をうまく行うためには、平時からの連携が不可欠です。監査役、会計監査人、内部監査人のモニタリングを「三様監査」といいますが、それぞれを有機的に結びつける工夫がこれからは重要になってくるはずです。さらに投資家や株主の方々にも、もっと監査役監査と会計監査との連携問題に関心をもっていただきたいと思います。株主総会等で、こういった問題を監査役に質問する企業が出てきてもいいのではないか、と率直に感じます。ちなみに私が監査役を務めていました会社の平成二四年六月開催の定時株主総会では、一般株主の方から内部監査と監査役監査の連携状況、そして内部監査の運用状況に関する質問が出てきました。八年間の監査役就任期間中、このような質問が出たのは初めてでしたし、また常勤監査役が懇切丁寧に質問に回答する姿を目にしたのも初めてでした。中小規模の上場会社ですらこういった質問が出てくる時代です。今後は多くの上場会社において、こういった連携に関するガバナンスへの関心が高まることを期待しています。

なお、私のブログ「ビジネス法務の部屋」にアップした記事を参考のために本章末尾に掲載しておきます。会計監査人と監査役との連携問題は、双方の法的責任を論じるうえでも今後重要になるだろう、といった私見を述べたものです。

2012年4月6日(金)

会計監査人・監査役の連係（連携）と「監査見逃し責任」

2012年3月下旬に出た某監査法人さんの「監査見逃し責任追及」判決（地裁判決）の全文を読ませていただきました。**架空循環取引**が発覚して倒産してしまった上場会社の監査人が、監査見逃し責任追及ということで、再生債務者管財人から訴えられていた裁判です。この判決文においても、また（先日の）オリンパス監査役等責任調査委員会報告書における後任監査法人の責任判断でも、不思議と出てこないのが「監査法人と監査役の連係」に関する論点であります。平成17年頃から、「会計監査人と監査役との連係・協調」に関する共同研究報告が出されているにもかかわらず、これは法的な争点として取り上げられることはなかったようです。あまり触れられていないのは、おそらく「公正なる会計慣行」と同様、この論点も法と会計の狭間の問題だからではないか、と思われます。

監査手法として現場に浸透している「リスク・アプローチ」が判決文のなかにも普通に登場するようになり、これに伴い「不正の兆候」「異常な兆候」といった用語も普通に使われるようになったにもかかわらず、会計不正事件に遭遇した監査役と会計監査人とは、別々に法的責任が論じられているのが現実であります。たしかに、監査役の会計監査に関わるものとしては、ライブドア投資家損害賠償請求事件判決において、会計監査人側から「会計不正の疑いあり」との連絡を受けながら監査役が何もしなかったということが任務懈怠とされた例がございます。つまり会計監査人からの指摘が監査役について「異常な兆候」ということになります。しかし、逆に会計監査人が監査役の報告を受けたたことで監査見逃し責任が認められた判決は、見たことがありません。

会計監査人が監査計画を立てる時点において、どこにリスクがあるのかを判定するため、または内部統制リスクを評価するために監査役の意見を聞くとか、意見表明のための心証形成の時点において、監査役から会計監査に関する事実を聴取するなどすれば、重要な虚偽記載のおそれの有無について参考になる事情も出て来る可能性があります。たとえばオリンパス事件においては、監査法人どうしの引き継ぎの妥当性に関する論点については詳細に検討されているのですが、監査役との引き継ぎ時における論点は何ら触れられておりません。日本公認会計士協会「監査役会との連携に関する共同報告」

【架空循環取引】
複数の企業・当事者が互いに通謀《つうぼう》し、商品の転売や業務委託などの相互発注を繰り返すことで、架空の売上高を計上する取引手法のこと。

平成21年改正版には、選任された監査法人は、監査役と前任監査法人との連携の状況は意見交換すべき基本事項として掲げられています。監査法人と違って監査役には職務上の守秘義務がないわけですから、忌憚のない意見を選任監査法人に述べることができるわけでして、まさに「不正の兆候」に結び付く可能性があるわけです。

会計監査人側からすれば、一般に公正妥当と認められる監査の基準に則って監査を遂行し、これをきちんと監査調書に記録しておけば善管注意義務違反に問われないのが原則かと思います。しかし平成21年の大原町農協事件最高裁判決は、監事に関する判決ではありますが、これまでの「慣行」に従っていたから、というだけでは注意義務を尽くしたとはいえず、監事の職務を規整する法律の趣旨に従った職務を尽くさなければならないとしています（現実に監事に損害賠償義務が認められました）。だとするならば、監査役との連携に関するガイドラインが一般に公正妥当と認められる監査の基準とはいえないかもしれませんが、リスク・アプローチの手法による監査を適正に行うためには、監査役との連絡協議等については、不可欠な監査業務ではないかと。

この「監査役と会計監査人との連係」という論点は、基本的には監査法人に有利に機能するのではないかと考えております。監査法人の法的責任を減じる方向に働く、いわば「監査法人にとっての有利な事情」になりうるはずです。ほんの些細な職務執行によって、リーガルリスクの半分くらいは監査役に負担してもらえる可能性があるわけでして。監査法人が当該会社の監査役監査がまじめに行われていることを信頼することは、法的保護に値するのではないでしょうか（いわゆる信頼の抗弁が適用される場面）。リスク・アプローチが監査手法として重視され、たとえ二次的にでも「不正発見」への関与が会計監査人に期待されるのであれば、監査役による業務監査の結果にも配慮することがごく自然な流れではないかと思います。

しかし監査役との連係を怠ったがゆえに、不正リスクや内部統制リスクの評価を誤ったり、異常な兆候にアクセスできる機会を失った場合には、逆に職務上の正当な注意義務を尽くしたかどうか、かなり疑問に感じるところであります。原告・被告間において、立証責任がどちらにあるにせよ、争点形成責任は基本的に原告側にあるわけですから、「異常な兆候」がどこにあったのか、原告側が知るためには、監査法人と監査役間でいったいどのような協議がなされていたのか、双方の監査調書を取り寄せて検討することが不可欠だと思うところです。

9章

なぜ企業は粉飾に手を染めるのか？

1 はじめに

二〇一二年にリリースされた「**二〇一一年度コンプライアンス違反企業の倒産動向について**」（東京商工リサーチ社調べ）によりますと、「コンプライアンス違反」が影響した倒産が前年度に比べて一・六倍も増えたそうです。

同社のリリースでは、オリンパスや大王製紙などで注目を集めた「企業におけるコンプライアンス（法令遵守）違反」が、上場企業や中小企業を問わず経営上の大きな課題になりつつある、とのこと。

二〇一一年度（二〇一一年四月〜二〇一二年三月）に法令違反や粉飾決算、談合、偽装などのコンプライアンス違反が一因となった企業倒産は一五三件と、前年度（九五件）より一・六倍に急増しています。倒産形態でみると、破産が五六件を占め、信用失墜した企業の事業再建が難しいことを示しています。不祥事を起こす企業は、マスコミや社会から「もういらない会社」と烙印を押されることになってしまうのはおそろしいことです。

また、同社の二〇一一年度「**不適切な会計・経理を開示した上場企業調査**」によりますと、二〇一一年には三二社が不適切な会計処理に関する開示を行ったとしています。二〇一〇年度（二四社）より八社の増加で、過去五年間では最多。不適切な会計・経理処理は、二〇一一年度はオリンパスや大王製紙など世間の耳目を集めた企業が開示していますが、とくに一

【2011年度コンプライアンス違反企業の倒産動向について】
2012年４月９日付けリリース（http://www.tsr-net.co.jp/news/analysis/2012/1218229_2004.html）東京商工リサーチwebsiteより。

【不適切な会計・経理を開示した上場企業調査】
2012年４月26日付けリリース（http://www.tsr-net.co.jp/news/analysis/2012/1218877_2004.html）東京商工リサーチwebsiteより。

○月以降に不適切な会計・経理を開示した企業は二三社に上り、年度後半に集中しています。このところ、コンプライアンス（法令遵守）の意識が一段と高まり、財務や会計をより厳格に見直す動きが強まったことも不祥事の開示増加の背景にある、と同社は分析しています。

こういった調査結果をみますと、コンプライアンスリスクが経営判断に及ぼす影響は年々増しており、コンプライアンス違反に対する社会の目も厳しくなっていることがわかります。だからこそ、仮に会計不正事件等が社内で発覚した場合には、自浄能力のあるところを世間に示すために、自ら公表する企業が増えている、ということではないでしょうか。オリンパス事件や大王製紙事件における事件発覚後の対応などをみても、不正行為の具体的な事実よりも、不正を隠ぺいしたり、見逃してしまうリスクの大きさにこそ、各企業が注目し始めているように思います。国際的な優良企業といわれるオリンパス社も、ソニー社との事業提携の道を歩み始め、また地元の名門企業といわれる大王製紙社も、北越紀州製紙による資本参加を得て、新たな局面を迎えることになりました。世間を騒がせる企業不祥事によって、企業の生き方が大きく変わることを目の当たりにする時代になったようです。

これまで何度か、会計士の方々と一緒に不正調査や社内調査委員会支援の仕事をさせていただき、会計不正事件の渦中にある上場会社を取り巻く経営環境に触れたことがあります。また、架空循環取引で揺れ、未だ関連裁判が決着をみていない**ＩＸＩ（アイ・エックス・アイ）事件の監査見逃し責任追及訴訟**の代理人を務めたこともあります。そういった経験から、企業がなぜ粉飾決算に手を染めてしまうのか、という問題を少しばかり検討してみたいと思います。

［IXI（アイ・エックス・アイ）事件の監査見逃し責任追及訴訟］
アイ・エックス・アイ社（東証２部　上場廃止）が架空循環取引によって長年にわたり架空売上を計上していた事件で、同社再生債務者管財人は粉飾決算を見逃したとして監査役および監査法人に対して損害賠償責任を追及する訴訟を提起した。

なお、粉飾決算に手を染める企業という場合、二つのカテゴリーに分けることができます。一つは別の不正目的があり、その手段として粉飾決算を行う場合です。これはいわゆる「ハコ企業」を活用することで、インサイダーや相場操縦、上場廃止の免脱などにより不当な利益を得ようとするケースです。このような場合は、説明するまでもなく粉飾決算の確信犯であり、早期発見や損害抑止といった対応以前のケースです（厳罰によって対応するしかないケースだと思います）。

そしてもう一つが、「気がついたら粉飾企業になっちゃった」というケース。確信犯ではないけれども、結果としては粉飾企業の仲間入りを果たしてしまって、市場からの退場の危機に陥るパターンです。これからお話しようとしているのは、まさに後者のパターンでして、有事の対応次第では、オリンパス事件のように、上場廃止にならずに済むこともあると思われます。会計不正事件の早期発見、発見後の損害発生の抑止がうまく機能すれば助かるパターンです。

2 最初から確信犯はいない

前述の東京商工リサーチ社の調査結果にもあるように、二〇一一年の一〇月以降、「過去に不適切な会計処理がなされていたこと」を自ら開示した企業が二〇社以上に及んだということは、ほとんどの不祥事発生企業が事業の継続性を真摯に考えてのこと、と思われます。つまり確信犯的に「粉飾を自らの私利私欲のために活用した」という企業は少なく、気がついたら粉飾企業に

【ハコ企業】
業績が悪く株価が低迷して、怪しげなファンドや仕手筋（一般に反市場勢力といわれることもある）に発行株式の大半を取得され、仕手相場に使われたり、大幅な増資を繰り返して市場から資金を吸い上げるのに使われたり、マネーロンダリングの道具に使われる企業のこと。

なってしまった、というパターンの企業なのです。不適切な会計処理を開示した企業の多くは、社内調査委員会で調査を開始したり、また外部の弁護士、会計士を招いて第三者委員会を設置しているものと思います。しかし、どのような原因分析がなされているにせよ、私は組織の風土にまで遡って再発防止策を検討しなければ、粉飾決算を再発させないための土壌は作れないものと思います。

粉飾に手を染めた企業であっても、（確信犯を除けば）上場準備段階、そしてめでたく上場した頃の組織は健全です。経理・財務面でもしっかりしており、業績も好調、まったく粉飾などとは無縁の存在です。その後、ボタンの掛け違いが生じて粉飾に手を染めていくのですが、時間軸でみていきますと、会計不正事件が発生し、その後発覚するまでの過程においてほぼ共通した問題点が垣間みえてきます。

最近は、第三者委員会や社内調査委員会の報告書、また各企業が取引所へ提出する改善報告書など、他社の事例を検討できる資料が増えました。そういった報告書を読み、「ああ、これはまったくうちの会社ではあり得ない特殊事情によるもの。うちではこんな不正事件は起こらないだろう」と安心される方も多いと思います。しかし不正が発覚するまでの過程を子細に検討してみると、意外とどこの企業にも共通するような組織構造的な欠陥が原因となるケースも多く、安閑とはしていられないはずです。

3 不祥事の原則1——不祥事の芽（予備的不正）

会計不正事件ではありませんが、私は数年前に、あるメーカーの性能偽装事件（試験用製品偽装事件）における第三者委員会委員を経験したことがありました。約一〇年にわたり、出荷前の販売用商品の安全検査（外部検査機関によるもの）について、性能をごまかして受検させていた、というものです。試験機関に対するごまかしですから悪質な不祥事です。経営トップが関与していたとまでは断定できないものの、ほぼ「組織ぐるみでの不祥事」ということで、厳しい行政処分が下されました。日本のトップメーカーである会社が（つまり、そのような不祥事を起こさないでも十分なシェアを確保できるのに）なぜ信じられないような偽装事件を長年続けてきたのか、最初はまったく理解できませんでした。しかし、次第に組織構造的な欠陥によるものであることが理解できるようになりました。

つまり、最初から「性能偽装」などという大それた不祥事を考えていたわけではなく、次第に不祥事にのめりこんでいった、というのが現実だったのです。

その会社では、国から定められていた安全基準よりもはるかにレベルの高い安全基準をもって自前の出荷前検査を行っていました。国内・海外とも、お客様に安全・安心な商品を使ってもらいたい、との高邁な企業理念のもと、商品を製造・販売して信用を築いてきました。技術開発社員や生産管理部門の社員らは、まさに自社製品に誇りをもっていました。しかしこれが仇となり、商品販売サイクルのスピードを高めるために、次第に行政から指導を受けていた安全基準の工程を社内で省略するようになりました。このときの社員の気持ちとしては、「どうせ国の基準よりも数倍高いレベルの安全基準ルールを社内で履行しているのだから、国の検査工程を省いても問題はない」というものでした。いわば社員の「誇り」が「おごり」に変わっていきました。

この段階では、未だ社内ルール違反が発生していた、というだけのことです。行政による安全指導を社内でルール化していましたので、性能偽装事件の発端は、実はこの社内ルールの違反行為なのです。これが「不祥事の芽」になります。この「不祥事の芽」が組織内で長年放置されることで、目にみえないかもしれませんが、「悪しき組織風土」が形成されていきます。

粉飾決算の話もこれとまったく同様です。誰も最初から粉飾をやろうなどとは思わないのです。しかし、企業経営は順風満帆ではありません。上場後の業績が思わしくないと、大株主や金融機関から強いプレッシャーがかかります。下手をすると大株主主導によって経営者交代、事業統合などの手が打たれてしまいます。配当に関する要求も強くなります。金融機関からの融資条件見直しの話も出てきます。そのようななかで「できるだけ事業成績を良く見せたい」との欲望が経営者に湧いてきます。将来予測や見積りに関する甘い見通し、希望的観測に満ちた中期経営計画や経費削減案など、社内が合法的な範囲で見栄えを良くするための決算書作りに奔走するようになります。この時点では未だ粉飾と呼ばれる不正が発生するものではありませんが、これがまず「粉飾発生の芽」になります。つまり不正会計に寛容な組織風土が出来上がっていくのです。

ガバナンスがしっかりしていれば、そもそも社会を揺るがすような会計不正事件は発生しないはずです。この時点で歯止めがかかる可能性が高いからです。しかし社長以下、大株主や債権者からの執拗な業績プレッシャーのなかで、短期的利益の追求に必死となり、組織には「粉飾を許容する土壌」が形成されていきます。とりわけ「決算黒字は七難隠す」という上場会社の監査上の真実の意味は大きいと思います。業績好調な企業担当者の方にはおわかりいただけないかもしれませんが、**GC注記**が付くか、付かないかという企業の経営者からすれば、「黒字決算」は喉から手が出るほど欲しいフレーズです。「税引き前利益が一円でも出た」ということを公表できるのであれば、すべての問題は隠せる・・・という気持ちになってしまうのもなんとなく理解できるところです。（なお、末尾に「決算黒字は七難隠す」をテーマにしたブログエントリーを添付いたしますので、このあたりをご理解いただけたら、と思います）

4

不祥事の原則2――一次不祥事

世間を騒がせた性能偽装事件も、もとを辿れば「社内ルール違反」というルール軽視の企業風土に起因するものでした。この企業風土が「社内ルール違反」という不祥事の芽を摘むことをせず、大きな性能偽装行為という「一次不祥事」を発生させてしまうことになります。

先の性能偽装の件ですが、社内ルール違反をなんとも思わない雰囲気が社内に蔓延するうちに、検査用の製品についても、「どうせ出荷前のテストにおいて、ハイレベルな検査を行うのだから、

【GC注記】
継続企業（Going Concern）としての前提に関する注意書き：財務諸表、計算書類はあくまでも永続的に事業経営が続くことを前提として作成されるが、その永続性に疑問のある企業の場合、決算書を活用する人たちのために注意書きが付される。

多少の偽装は安全には何ら問題ない」との意識が根付き、現場でも誰も異議を唱えるものはいないままに、検査機関の受検は「やっつけ仕事」として意識されるようになりました。

この「安全性には問題ない」という社員の気持ちこそ、重要なポイントです。誰だって安全性に疑問のある商品を提供するために検査をごまかす、というのであれば後ろめたい気持ちになるはずです。きっと悪事を公表する正義感の強い社員も登場するはずです。しかし安全性に何の疑問もないのであれば、在庫回転率を向上させるという社命の下で検査をごまかすことに対する「正当化根拠」が誰の心にも芽生えるはずです。

実際、そのように性能偽装を行っていても、安全面では問題がなく、商品の欠陥が世間で問題となったことは皆無でした。商品が生産されてから販売されるまでのサイクルが早くなり、経営管理のうえでは効率化が図れることになりますが、その裏では試験用商品の偽装という、とんでもない不祥事が社内で恒常化していくのでした。

さて会計不正事件の場合、たとえば架空循環取引を行う企業を例にとりますと、誰だって最初から架空売り上げを計上して業績好調なところを投資家や株主に見せようとは思いません。大きな夢を抱いて企業を上場させたのです。夢の実現に向かって第一歩を踏み出した企業の創業者が、人をだましてまで利益を上げることなど考えてもみなかったことです。

ただ、予想以上に大きなプレッシャーのなかで、組織自体が短期的な利益追求を最優先することにまい進していきます。経営陣の気持ちが幹部社員に伝わります。もはや「決算書はできるだけ業績好調であるかのように見せること」が至上命令になります。そのなかで、(トラブル発生のリスクはあるものの）経済的には合理性のある**「スルー取引」**を、いつしか経済的合理性のない「架空循環取引」として活用することが検討されるようになります。契約書も伝票も残りますし、商品がグルグルと取引先を還流しますので、会計監査においても取引自体が破たんしないかぎり発見は困難です。ここにおいて「一次不祥事」としての会計不正行為が始まることになります。会社の利益とコンプライアンスを秤にかけて、「背に腹は代えられない」という気持ちから粉飾を初めてしまうのです。決して役職員の私利私欲のためではありません。通常「架空循環取引」は、社内のごく一部の者が主体となり、取引先には「スルー取引」であるかのように装って開始されます。

このように、不祥事の芽が伸びて、不祥事の花が咲いてしまうのは、経済的利益とコンプライアンスを秤にかけてしまう土壌ができてしまったからです。会社の利益とコンプライアンスは秤にかけてはいけないのです。にもかかわらず、平気で「会社のためならやむを得ない」と、自身の行動を正当化してしまうところに大きな問題があります。

また、架空循環取引が不正であることは承知のうえで、それでもごくごくまじめな担当者や経営陣が手を染めてしまうわけですから、役職員には良心の呵責が生じるのは当然です。それでも犯行に及んでしまうのはなぜでしょうか？

それは自身の行動を正当化してしまう（もちろん自分勝手な正当化ですが）理由をきちんと考えているからです。架空循環取引に手を染めてしまった経営者や担当者にヒアリングをしますと、必ず返ってくる答えが「悪いことだとはわかっていたけど、急場しのぎなので、すぐにや

【スルー取引】
受けた注文をそのままほかの会社に回すこと。実際の取引とは関係のない企業が形だけ取引に参加し、売り上げを計上する仕組みである。付加価値を付けることなく、帳簿上を通過するだけの取引を指す。在庫と資金とのバランスを維持するために商社的取引慣行として存在するものもあり、取引自体が違法とはいえない。

めようと思っていた。」「景気が戻ったら、後で計算書類のうえでは消すつもりだったので、ごく一時的なものだと考えていた」「これで株価が向上すれば、粉飾を消すこともできる手段があったので『昔はこんなこともあったよね』などと笑って話せる日がきっと来ると信じていた」というものです。

オリンパスの損失飛ばし・解消スキーム事件においても同様のことが新聞で報じられていました。財テク失敗による多額の損失の隠ぺい処理に苦しんでいた担当者が、当時の会長に「もうこれ以上は隠せません。会長、どうか損失を公表しましょう」と進言した際、会長が「もうしばらく様子を見よう。ＩＴバブルで株価が上昇したらなんとかなるから」と担当者に損失隠しの続行を指示したそうです。

一次不祥事を敢行する者は、どこかに自分の行動を正当化する理由をもっています。しかし、この正当化に関与する者すべてが納得してしまうのも、やはり不祥事を許容してしまうだけの土壌があるからです。

5 不祥事の原則3――二次不祥事

「企業不祥事の発生」という言葉はよく聞きますが、「企業不祥事の発覚」という言葉はあまり使われません。実は企業不祥事の「発生」と「発覚」は異なります。「発生」というのは、先の「一次不祥事」、たとえば架空循環取引が開始されたことを指します。しかし、架空循環取引は発覚するまでに長期間を要するのが通常なので、何期にもわたって粉飾決算が繰り返され、循環取引に関与する企業のどこかで破たんを生じて「発覚」に至ります。

おそらくマスコミ等で「企業不祥事の発生」という言葉が使われる場合には、この「発覚」したことも含めたものといえます。

しかし、実際に架空循環取引が発生したとしても、これを早期に発見して社内で止めることができたとすれば、おそらく不正の発生は社内で処理できる程度の軽微なもので終わってしまい、株主や取引先、金融機関に多大な迷惑をかけることなく生業に戻ることができるはずです。もし、これを止めることができないとするならば、それは社内で新たな「二次不祥事」が発生しているからです。

たとえば架空循環取引には、外部からは判明しづらくても、社内からみればおかしいと思える兆候があります。そういった兆候は、内部統制システムを運用するなかで浮かび上がることが多いのですが、統制システム自体が機能していないケースが目立ちます。取締役会が何ら監督機能をもっていない、監査役が期待されているような仕事をしていない、内部監査部門が手薄である、といったことが典型的な問題点です。

さらに誰かが「おかしい」と気がついたとしても、その先が難しいのです。「おかしい」と気づいたことについて、それを黙って放置してしまう、ワンマン経営者が怖くて言い出せない、自分が間違っていたらどうしようと臆病になってしまうなど、いろいろな要因がありますが、いずれにせよ口に出せないことが多いのです。社内で不祥事が発生している段階で、それぞれの社員は「こんなことって、社会から見ればおかしいよな」と薄々感じています。誰かが「おかしい」と口に出すことで、「ああ、やっぱり私以外にも問題を認識している社員がいたんだ」と気づき、これが不祥事意識を共有することになり、社内における自浄能力発揮の発端となるわけです。

不正に対する早期対応のためには、気づくことだけでなく、これを口に出すことが不可欠なのですが、私は「気づくこと」以上に、「口に出すこと」のほうが難しいと感じています。

粉飾事件が会社を滅ぼしてしまうことの要因としては、この「二次不祥事」が最も大きいのです。冒頭のアンケート結果をご覧のとおり、最近の企業不祥事は、企業の存続に大きな影響を及ぼすようになりましたが、なぜそうなるのかといいますと、世間は架空循環取引を発生させてしまったことよりも、これを見逃してしまって、もしくは（知っていながら）放置してしまって大きな粉飾に発展させてしまった「企業風土」に、将来的な事業発展は期待できないとの評価を下すからです。社会の評価のおそろしいところは、過去の行動に対するペナルティとしての意味ではなく、将来の企業価値に向かうところにあります。たとえば「不買運動」なる言葉があります。これもソフトローの一つです。過去の不祥事へのペナルティ的な意味合いであれば企業も甘んじてこれを受け入れざるを得ないのですが、さらに企業の存続にとってダメージが大きいのは「この企業は不祥事を発生させたら、また隠すのではないか。消費者よりも自分たちの利益を優先する企業ではないか」との評価を下されることです。「二次不祥事」こそ企業が根絶すべき不祥事である、と私が言い続けているのは、こういった理由によるものです。

6 誰も粉飾は止められない？

すべての粉飾事件がこれまで述べた不祥事の発展過程にあてはまるわけではありませんが、概ね八割程度の事例はこれに近い過程を辿って粉飾発覚に至ります。

よく第三者委員会報告書において会計不正事件を再発させないための防止策が提言されます。そこに「コンプライアンス遵守の企業風土の醸成」という言葉が登場します。言葉だけを読むと、具体性に欠け、説得力に乏しいように思われますが、私自身企業風土の改革は不祥事防止の第一歩だと考えています。なぜなら上で述べたとおり、どこの企業でも「不祥事の芽」は存在するのであって、この芽を伸ばすかどうかは、まさに当該企業の土壌がどうなっているのか、つまり不祥事を容認する企業風土が根付いているのかどうかが問題となるからです。これは不祥事が従業員主体によるものであっても、経営者主体であっても、どちらにもあてはまります。

会社が事業を成長させるために、経営者も技術開発も生産現場も、そして営業、管理部門も頑張ります。しかし頑張れば頑張るほど、性能偽装をやってしまった会社の技術開発部門の担当者のように、「誇り」の裏腹に「おごり」の気持ちが出てくるものです。顧客や取引先との人間関係を大切にする営業マンの「信頼関係の形成」の裏腹に「なれあい、癒着」という気持ちが出てきます。共存共栄の気持ちを大切にする購買部門の担当者にも、取引先担当者との人間的な「貸し借り」の関係が生まれてきます。頑張れば頑張るほど、どこの会社にも不祥事の芽は出てくるのです。しかし、この不祥事の芽が「一次不祥事」として花が開くかどうかは、企業の土壌次第です。経営トップの経営倫理観が現場に届いているのか、現場の責任者が不正を許さない意識を浸透させているのか、社内ルールは徹底しているのか形がい化しているのか、そういった組織の雰囲気が「不正の芽」を伸ばすかどうかにかかっています。

7 一次不祥事への早期対応

いずれの企業でも不祥事を根絶したい、徹底した社員教育によって不祥事を未然に防止したいと考えます。しかし社員個人にも、社員の属する部署にも、また会社自体、業界自体にもすべて「調子の波」があります。競争社会でしのぎを削る株式会社の場合、不祥事は発生しない、と考えるほうがおかしいわけで、どこの企業でも不祥事は必ず発生します。ただ必要なのは不祥事の発生を早期に発見して、早期に対応することです。

一次不祥事を早期に発見するための対応としては、まず社内ルール違反の発見です。「不祥事の芽」というものは、経営戦略の遂行のなかで必ず発生するものですが、これが不祥事に発展していく過程で社内のルールに反する行動がみられます。もし社内ルールに反する行動があれば、これを「芽」の段階で根絶しておくことが求められます。

次に**内部通報制度**の充実が挙げられます。企業が自浄作用を発揮するために、企業自らが不正

【内部通報制度】
企業において、法令違反や不正行為などのコンプライアンス違反の発生またはその恐れのある状況を知った者が、そのような状況に適切に対応できる窓口に直接通報することができる仕組みのこと。名称は、「ヘルプライン」「ホットライン」「コンプライアンス相談窓口」などさまざまである。

の端緒をつかみ、これを調査し、企業自らが関係者の処分を行い、対外的に不正を公表するという一連の行動に至るためには、まずは内部通報制度が機能することが必須の条件です。外部者への内部告発が行われ、マスコミや行政当局から情報を知らされるようでは、調査が後手に回ってしまい、自浄作用を発揮することはできません（その結果、企業の信用は毀損されてしまいます）。

とくに粉飾決算が行われているケースでは、組織的な関与のもと、経理やITを担当する社員が実働部隊として粉飾に手を染めていることが多いようです。彼らにとっては社命によって不正に加担しているわけで、とても苦しい状況に置かれています。彼らにとって、不正から逃れるための手段として、内部通報制度が極めて有効なものとなります。この場合、通報の受領先が社外の弁護士事務所であったり、社外監査役であったり、工夫が必要になります。

内部通報制度の充実はいずれに企業においても喫緊の課題です（内部告発を防ぐための内部通報制度の整備、運用の工夫については、山口利昭『内部告発・内部通報―その「光」と「影」』経済産業調査会、二〇一〇年をご参照ください）。

そしてもう一つは「気づき」の問題です。粉飾決算が社内で行われている場合でも、関与者以外にはなかなか判明しないものです。粉飾が行われていること自体は把握できない場合でも、「何かおかしい」「経営者に説明してもらおう」と感じるような雰囲気というものは把握できることが多いのです。会計不正事件発覚後の第三者委員会調査の報告書を読むと、多くの事件において、不正が発覚する一年ほど前に、社内の誰かが「おかしい」と気づき、何らかのアクションを起こしたことが記載されています。有事意識が欠如していたために、残念ながらそれ以上のアクションに至らなかったのですが、やはりまずは「おかしい」と感じることがなければ組織として平時から有事への切り替えはできません。さまざまな事例検証等を通じて、気づきの意識を涵養することもモニタリング部門には必要になります。

8 有事意識の共有（二次不祥事対応）

さて、粉飾を止めるための最大の問題は「いかに二次不祥事を発生させせないか」という点です。コンプライアンス経営の理想は、もちろん不祥事を許さない組織を作ること、一次不祥事を発生させせないことにあります。しかし現実論として、即効性のある対策は困難です。企業の社会的な信用を守り、事業の永続性を確保するためにも、まずはマスコミや世間から「もういらない会社」といわれないために「二次不祥事」を根絶すること（未然防止すること）に注力すべきです。

社内で不正が発生していることについて、誰かが「おかしい」と感じたとしても、また確定的に不正事実を認知したとしても、発見した不正について、いかに勇気をもって口に出すことができるか、またいかに勇気をもって止めることができるのか、この点については、私もいろいろな講演やセミナーを通じて具体的な施策を提言しています。ここで一つだけ申し上げたいことは、有事意識の共有、ということです。

人は弱い生き物です。自分だけ孤立することに極度の恐怖を覚えます。おかしいと思っても間違っていたらどうしよう、おかしいと口に出して社長からクビにされたらどうしようと、誰でも不安を抱きます。また、企業不祥事の発生などという「会社の有事」は誰も経験したくありません。できれば「それほどたいしたことではない」とか「マスコミが取り上げるような問題ではない」と思いこみたいのです。**不正調査**の経験上、不祥事企業の経営陣の方々にヒアリングしてわかることは、各役員それぞれに「いつからが有事で、どこまでが平時だったのか」という認識がまったく異なることです。有事と平時では取締役や監査役など、会社の経営に近い方々の行動規範は一気に変わります。有事意識が共有されていなければ、インサイダー情報の管理もできず、社内に犯罪者を増やしたり、また不利益な証拠を平気で削除するような犯罪者も増やすことになります。こういった行動が新たな不祥事を生むことにもなります。

また有事意識を共有することで、「おかしいことはおかしい」と口に出す勇気が生まれます。取締役会で「さらに調査が必要」という意見を述べて、これに同調してくれる他の役員が一人でもいれば、取締役会の雰囲気は変わります。監査役会も同様です。

しかし平時の意識を有事の意識に切り替えることは難しいのが現実です。

オリンパス事件、大王製紙事件をはじめ、昨今は調査委員会による報告が多数出ており、他社事例を検証することが容易になりました。こういった他社事例、とくに組織ぐるみ、経営者関与の不祥事件において、経営陣がどの時点から有事の対応となったのか、どの時点から組織として有事意識を共有したのか、という点にテーマを絞って検証されることをお勧めいたします。その背景には人間のドラマが想像されるわけですが、そういった組織力学における人間のドラマにま

【不正調査】
企業内部で不正の疑いが生じた場合、社内の担当者もしくは外部の専門家が関与して、不正事実の認定や証拠化を目的とした調査を行うこと。

で遡らなければ、企業不祥事発生による企業の社会的評価の毀損は防げない、ということがおわかりいただけるかと思います。

平時に準備していないことが有事に突然できるはずがない、平時に準備しているからこそ、有事にごくごく一部ではあるけれども有事対応が実践できる、というのは、二次不祥事の発生を阻止することが人間ドラマと深い関わりをもっているからだと思います。

2011年8月15日

決算黒いのは七難かくす・・・粉飾決算（経営者不正）への誘惑

私が監査役を務める会社も第1四半期の決算報告が終了し、第1回の監査報告会（会計監査人と監査役との意見交換会）も終わりましたが、ここ数年、当社は開示されているとおりの業績不振が続いていたこともあり、これまでになかったほどの「ホンネの意見交換会」が続いております。毎回、社外監査役としていろいろなことを考えさせられます。

今の時代、あまり慣用句として使うのは適切ではありませんので恐縮ですが、「色の白いのは七難隠す」といいますが、「決算黒いのは七難隠す」であります。1円でも黒字が出ていれば監査法人との折衝は楽です。しかし（とりわけ業績が悪いために）赤字となると、継続企業の前提に疑義が生じる事象に関して一気に監査法人のチェックが厳しくなります。中期経営計画の進捗状況、銀行の融資状況に関する変動の有無、決算・財務報告プロセスへのチェック等。また当然のことながら繰延税金資産の取り崩し、固定資産の減損、子会社株式の評価、資産除去債務等、会社側の将来見積りにも厳しい目が向けられます。監査法人の品質管理に行政当局の厳しいチェックが入るようになったからだと思いますが、それぞれの審査のために必要な資料も細かく要求される、もちろん業績が悪化しているところであるにもかかわらず、こういった複雑なチェックが要求されるために監査法人から求められる報酬金額も当然に増えるわけであります。

つまり監査法人と会社との関係は、黒字が出ていればハッピー、1円でも赤字となれば「職業的懐疑心」との闘いとなるわけです。頭ではわかっていたつもりでも、いざ自分がそういった会社の監査役を務めておりますと、いやいや、本当に身に沁みます。

当社では絶対にありませんが、こうやって厳しい折衝のなかで感じるのは経営陣の関与する粉飾決算への動機づけです。やはり経営者は粉飾決算をしたいと思うのは当たり前であります。最近のようにフェアーバリューや将来見積りを必要とする勘定項目が増えているなかで、悪気がなくても数字をよく見せよう、との意欲がない経営者などいないのではないでしょうか。利益さえ出ていれば、上述のとおり監査法人との関係はハッピーであり、経営計画の内容にも、その実現可能性にも、子会社の事業にも他人から余計な口出しはされないのであり、また会計監査人との折衝も基本的には経理担当者に任せておけばよい。監査法人の現場担当者も、法人内部の契約審査部や監査審査部の人たちに細かいツッコミを入れられずにＯＫサインが出るわけで、後ろ向きの仕事をしないで済むわけです。これだけ赤と黒では大違いなわけですから、少々無理してでも赤を黒に変えておこう、という気持ちになるのはむしろ経営者としては当然ではないかと。継続企業の前提さえ崩れなければ、複式簿記の世界ですから「後で必ず利益が出るから、そのときに帳尻を合わせておけば済むし」で終わり。経営者は将来展望に自信をもっていますから、何も悪いことをしているという意識はないのです。

「なぜ監査法人、監査役は長年粉飾を見逃したのか」と非難されますが、こういった構造があるからではないかと。1円でも利益が出ていればみんなハッピーであり、思考が停止する、「おかしい」といえば「お前はあほか」といわれる。むしろ誠実に赤字決算を出せば、みんなが身構えて、「おかしい」といわれても不思議ではない雰囲気となる。株主からはセグメントごとの業績を指摘されて、（決算書には出てこない無形資産がいっぱい詰まっているにもかかわらず）赤字を垂れ流しているセグメントの切り離しを要求される。それなら毎年粉飾を重ねてでも利益が出ているようにして、みんなハッピーな状況のなかで経営を続ける方を選びたくなるのは当たり前であります。「それでは株主や投資家をだましていることになるではないか？」との反論が考えられますが、いえいえ、それは後出しジャンケンの発想であり、経営陣は後で必ず粉飾は利益で消せると考えているのですから、むしろ株主や投資家のためにも今は粉飾で切り抜けようという意識の方が強いはずです。現にこれまでも粉飾決算によって凌いで、後で利益が出て、結局何も問題にならなかった企業は山ほどあるはずです。

また利益が出ているから、監査法人や監査役が何もリスク感覚がなくなっているかというと、そうではありません。利益が出ている会社であるからこそ、今度は会計処理方針等が正しいかどうかに資源を集中するわけでして。でも会計処理の原因となっている会計事象が存在するのかどうか、というところまでは疑わないのであります。（監査役がそこを疑うということは、会社の存在自体を否定することになるため、ほとんど困難かと）会計不正の調査で難しいのは、このように不正発見には「時間軸」の意識が必要だからであります。不正の兆候に気づくためには、会社がどのような局面になると、どのようなリスクが高くなり、そのために誰のモニタリングが期待できるのか、タイムリーな判断が要求されるからであります。つまり、監査法人も監査役も粉飾を見逃してはいけないという意識で仕事をしているけれども、(利益発生という結果から逆算して)「見つけやすい粉飾の発見」に注力しているわけでして、「何もしていない」のとは理由が違うのであります。

※業績が好調だけど、内部統制には重要な欠陥（開示すべき重要な不備）がある、といった内部統制報告書が出てくればおもしろいなあと思います。この会社は儲かってはいるけれども、間違った財務諸表を公表して投資家に迷惑をかけるおそれがある内部統制です、といった評価結果を自ら公表する会社があるならば、本当に誠実だなと思います。まあ、これはほとんど難しいかもしれませんが。。。

モニタリングする側からみると、子会社や特定事業部における会計不正についても同様の傾向があるかと推測いたします。子会社経営者や事業部長が社内で評判が高ければ高いほど、その会計処理のチェックまではできても、会計事象の存否までは調べることができない。たとえば利益を出している子会社のトップに「それはスルー取引ですか？　循環取引ですか？」とは聞けない。そんな愛社精神のない監査役には誰も口を聞いてくれないでしょう。たとえ監査役といえども、利益追求のために同じ方向を向いていないとわかれば、相手は警戒して真実の情報を流してはくれないのであります。また監査役の心構えとしても誰も最初から、自社では循環取引が行われているなどとは夢にも思っていないのであります。その結果、粉飾は長年発覚せず、取引先の破たんによって表面化するまでわからない、というのが実際のところではないかと。

内部統制のチェック・・・、これは不正の予防に関わるものであり、監査役としても従事しやすい作業かと思います。しかし不正を見つけ出す作業は上述のとおり難しい。ただそれでも監査役は不正を見つけなければならない。唯一の方法は、利益追求のために経営陣と同じ方向を向きながらも、何もお膳立てされていない「生のビジネス情報」が飛び交う中から、法律や会計、あるいは社内ルールや企業倫理綱領に関わる事象を抽出し、そこから異常な兆候を見つけ出すことだと思います。「経営者をはじめ、会社はどんなに誠実な顔をしていても、粉飾決算を当然にやってしまうし、また悪いとも思わないものである」ということを十分に認識したうえでなければ、私は監査役が不正を発見することは難しいのではないか・・・・と最近は考えたりしております。

10章

「訂正」と「非開示」のコンプライアンス

1 はじめに

私は過去に何度か企業の**リコール対応**の支援をさせていただきました。また、**食品偽装事件**に関する社内調査に立ち会う機会もありました。企業にとって、不祥事を公表するということはたいへんな勇気が必要です。早く公表しなければ消費者（製品利用者）の生命や身体、財産に関わる被害が拡大してしまいます。しかしもし公表事実に誤認があった場合には、逆に社会に混乱を招き、企業の信用を一気に低下させてしまう可能性があります。

二〇一一年の東日本大震災の際、上場会社の多くは震災による企業の損害がどれほどなのか、自社においても明確に確認できない事態となりました。特例措置として、上場会社において損害を見積もることが困難な場合が予想されることから、有価証券報告書の提出期限が延期されました。被害の詳細を確定できない企業にとってはありがたい特例ですが、逆に考えますと延期されたのですから、有事においてもできるかぎり正確な情報を開示することが要請された、ということです。このようなケースでも、できるだけ早期に決算情報を開示すべき、とも考えられますが、後日の開示情報の訂正がかっこわるいから、きちんと内容が把握できるまで開示の時期を延ばしたい、との思いも生じてきます。

【リコール対策】
消費生活用製品による事故の発生および拡大の可能性を最小限にするための事業者による対応をいう。具体的には、①消費者に対するリスクについての適切な情報提供、②類似事故未然防止のために必要な使用上の注意等の情報提供を含む消費者への注意喚起、③流通および販売段階からの回収、④消費者の保有する製品の交換、改修（点検、修理、部品の交換等）または引取りを実施することなどがある。

【食品偽装事件】
食料品の小売り・卸売りや飲食店での商品提供において、生産地、原材料、消費期限・賞味期限、食用の適否などについて、本来とは異なった表示を行った状態で、流通・市販がなされた事件。

2 情報開示に関するコンプライアンスの視点とは？

有事の企業情報開示に関するコンプライアンスの視点は二つあるように思います。一つは平時の備えが有事の企業対応に影響を及ぼす、ということです。まさに内部統制に関する問題です。二〇一一年四月二四日付け日経ヴェリタス「放電塔」（金融記者座談会）の記事では、震災時における各企業の適時開示の巧拙が話題になりました。こういった有事に投資家が最も知りたい企業情報は、当然のことながら各企業の被災の有無、被害額、そして被害状況です。たとえばテルモ社は、二〇一一年三月期が締まる直前の三月二二日の時点で、定性的な被害状況を開示したうえで業績予想を早期に下方修正しました。これはファンドマネージャーらから高く評価されたそうです。テルモ社の本社が、日ごろから各拠点の状況をしっかり把握できていたからこそ早期の情報開示ができたのでは、と同社の経営管理能力の高さが評価されました。

一方、A社の場合には投資家を疑心暗鬼にさせてしまったそうです。具体的な被害状況や復旧の見通しをなかなか発表しなかったため、震災後の株価下落率は二〇％になってしまいました。実際の被害は投資家が心配するほどでもなかったにもかかわらず、情報開示が遅れてしまったために株価に影響が出てしまったようです。

また、IRにおいて、震災前に立てた計画と震災後に見直したものを比較して業績予想を説明したしまむら社は、減益予想となったにもかかわらず、投資家の間で非常にわかりやすいと評判になり、発表翌日の株価は大幅上昇となりました。

このような例にみられるように、有事の企業情報の開示が投資家に好印象をもたれるのは、日常から経営本部が全社的なレベルで情報を的確に集約できるだけの体制を整備しているからです。まさに平時の備えが有事の対応に影響を与える典型的な例だと思います。平時の備えについては、また内部統制の問題として後述します。

さて、本章で検討したいのは、もう一つの視点です。業績悪化の事実や不祥事、リコール情報など、それが真実であるならば速やかに公表しなければならないのですが、真実かどうか不明瞭な場合、企業としてどのタイミングで社会に不都合な事実を公表するか、という課題です。もちろん、平時の備えがしっかりしていて、速やかかつ正確に事実を社内で把握できればよいのですが、現実にはなかなか困難なケースもあります。有事になって初めて重大な決断をしなければならない場面を想定しておく必要があります。

ちなみに、東日本大震災の企業業績の開示実務に及ぼす影響に配慮して、東証は決算短信について「決算期末から四五日以内に開示するのが望ましい」としていましたが、「四五日以内、ということにとらわれる必要はなく、困難な場合は業績予想を開示しなくてもよい」と通達を出していました。また、金融庁も有価証券報告書の提出時期については二〇一一年三月一六日の時点で特例措置を公表し、各企業が被った被害（間接被害を含む）の内容が判明次第、提出するよう要請をしていました。

震災に限らず、有事における企業の情報開示には独特の問題があります。ステークホルダーの信頼を確保するため、企業（とりわけ上場会社）は適時に重要な情報を開示する必要があります。

しかし不正確な情報を開示してしまえば、後日訂正が必要とされる場合に、

「そもそもこの会社は内部統制がしっかりしていないのではないか」

「最初は不都合な真実を組織ぐるみで隠そうとしていたのではないか」

といった噂が広まる可能性があり、社会的な信用が低下して企業価値が下がることもあります。

そこで、そのような噂が広まるくらいなら、できるだけ事実関係が詳細に判明するまで社内で調査を徹底的に行い、後日正確な情報を開示しよう、といった意識が社内に強まります。ただこの場合には、社内で公表を控えている間に、消費者や投資家の間で悪い噂が広まり、またマスコミが先に事故発生の事実を公表してしまうようなリスクもあります。会社として一生懸命社内調査を行っていたにもかかわらず、新聞や行政当局に先に報じられてしまったために、慌てて公表し、

「不都合な事実を隠そうとしていたのではないか」

「行政やマスコミのリリースでやっと重い腰を上げて調査に乗り出したのではないか」

と推測され、（まじめに不祥事に関する事実調査を行っていたにもかかわらず）逆に社会的信用を毀損させてしまうようなケースも見受けられます。

速やかな開示、正確な開示、いずれを選択しても社会から批判されてしまうということで、企業としては、極めて大きなジレンマに直面することになります。

では企業としては、情報開示にあたり、即時情報開示を重視すべきか、正確な情報開示を重視すべきか、とくに有事にあたってどのような優先判断を行うべきでしょうか。

3 投資家、消費者の目からみた企業情報開示を意識する

●「開示しないこと」の意味

情報の開示・非開示判断の留意点として、まず挙げられるのが「開示しないこと」が投資家や株主、消費者等からみてどのように受け止められるのか、という点です。たとえば開示＝ある、非開示＝なし、といった情報開示の在り方を、情報受領者がルールとして認識しているような場合、つまり非開示は「ある特定の事実が存在しない」ことを情報としてステークホルダーが受け止める場合、企業が情報を開示しないことは一種の「虚偽」に該当する可能性があります。

たとえば二〇〇八年七月に提出された、**アーバンコーポレイション社**の**CB発行**に関する臨時報告書の「不適切開示」が問題となりました。同年一〇月、金融庁はアーバン社の臨時報告書の記載内容に「法令違反」の事実が認められるとして課徴金納付命令に関する審判手続きの開始決定を発出しました。金融庁はアーバン社がCBの発行先である**BNPパリバ証券**との**スワップ契約**の内容を一切明らかにしないままCB発行の事実を開示したことを「不適切」ではなく「違法開示」と判断したのです。

金融商品取引法が臨時報告書の虚偽記載により開示企業に課徴金納付を命じることができる根拠条文は一七二条の四です。同条により、虚偽記載といえるためには「重要な事項につき虚

【アーバンコーポレイション社】
広島市に本社をおく不動産販売会社。東証1部（2008年9月に上場廃止）2008年8月に民事再生申立。

【CB発行】
転換社債型新株予約権付き社債の発行。

偽の記載がある、または記載すべき重要な事項の記載が欠けている（臨時報告書を提出したこと）」が要件とされています。そして金融庁による同社に対する審判手続き開始決定の要旨を読みますと、臨時報告書の「新規発行による手取金の額およびその使途」の記載方法を問題としたうえで、当時の事実関係からすれば、スワップ契約の内容を引用しながら手取金全額をいったんパリバへ交付することや、最終的に財務安定のための債務返済に用いることが可能な金額は不確定であることを記載しなければならなかったにもかかわらず、これを記載しなかったこと自体を問題としています。金融庁は投資家保護のために、アーバン社は投資家が誤解しないよう、本来記載しなければいけない記載内容をあえて記載しなかった点を捉えて虚偽記載あり、と判断したものと思われます。つまり「本来開示しなければならない事項が開示されていない」ということは、投資家の判断に誤りを生じさせるため、実質的にみれば「虚偽記載」に該当する、ということです。なお、アーバンコーポレイションの元株主らが同社役員に対する損害賠償を求めた民事裁判の第一審判決（東京地裁平成二四年六月二二日）においても、同社役員は金融商品取引法二四条の五、第五項に基づいて虚偽記載による損害賠償請求義務がある、とされました。

以上の事例は、情報の非開示が立派な法令違反に該当するような例です。根拠条文のなかにも、「情報を開示しないこと」が虚偽記載に該当することが明示されていました。

また、たとえ企業情報の非開示が法令違反に該当するような場合でなくても、必要な情

【BNPパリバ証券】
パリに本拠を置く金融グループの証券部門。2008年にアーバンコーポレイションのCB発行契約において、転換価格344円で300億円を引き受け、別途転換価格を修正できる契約を結んでいた。

【スワップ契約】
ＣＢ発行元の株価が一定限度を超えて下落した場合には、合意した転換価格を発行先企業が修正できる契約。

報を開示しなかったことが、実質的にはステークホルダーをだました、またはその利益にまったく配慮していないことになってしまい、企業の信用を著しく低下させてしまった、というような事態も想定されます。

たとえばJR西日本社のATS故障に関する情報開示です。二〇〇五年四月に発生したJR西日本宝塚線の脱線事故現場付近に、事故後ATS（自動停止装置）が設置されました。そして二〇一〇年一〇月に、初めて（運転手の速度超過によって）現場付近に設置されたATSが作動しました。その二週間後にマスコミはATS作動の事実を知ったのですが、マスコミから取材を受けるまで、JR西日本社側は、このATS作動の事実を公表しませんでした。新聞各紙はATS作動の事実を社会面で大きく報じるとともに、作動したことを公表しなかったJR西日本社の姿勢を強く非難しました。また上記事故で亡くなった方々の遺族も、「これがJR西日本の企業体質」と述べておられました。

これに対するJR西日本社のコメントは「事故につながる重大な問題でもなく、また公表するとなると運転手に制裁的なものとして萎縮的効果を与えてしまい、自主的な報告を妨げてしまうおそれがあるため」とのことでした。つまりJR西日本社は、今後も同様の停止事態が発生したとしても公表はしない、という趣旨の意見を表明したのです。停止させてしまったことは謝罪するが、公表しないことには何ら問題はない、というものです。

こういったJR西日本社の考え方は、企業コンプライアンスを考えるうえでかなり疑問が呈されるところです。

二〇〇七年に、悲惨な事故を起こしたエキスポランド（大阪の遊園地）は、市民の応援もあり、なんとか営業を再開しましたが、再開直後および再開一カ月後に遊戯施設の故障事故を起こし、これをマスコミが報じた後に、会社側は「とくに大阪府へ報告しなければいけないほどの事故だとは思っていなかった」と述べました。今まで遊園地再開を応援してくれていた市民は、この遊園地側の姿勢に怒り、多くの方のひんしゅくをかってしまいました。たしかにあの悲惨な事故が発生していなければ報告するほどの故障ではなかったかもしれません。しかし、死亡事故が発生した直後の故障だからこそ、市民はどんな事故にも敏感になっていたのです。結局これが引き金となってエキスポランドへ足を運ぶ人も少なくなり、閉園へと追い込まれたわけで、上記のＪＲ西日本社の対応にも通じるところがあると思います。

ＪＲ西日本社にとっては意外とも思える報道ぶり（ＪＲ西日本社の事故軽視につながりかねない回答への強い非難）からか、ＡＴＳ作動を公表した翌日、素早い対応を見せました。「事故現場におけるＡＴＳ作動事態を公表しなかった件」につき、同社の代表者（社長）の方が謝罪をされたのです。また、「（ＡＴＳ作動に関する）公表の要否については、遺族や被害者の感情などを勘案して、場所にとらわれず判断する」とのことでした。

このＪＲ西日本社の例からみるとおり、普段であればとくにマスコミや一般市民が、ＡＴＳ作動の事実について、それほどの関心をもっていないとしても、いったん痛ましい事故が発生したとなりますと、「また同じ場所で運転手のミスが生じているのではないか？　本当に再発防止策がとられているのだろうか？」と強い関心を抱くことになります。そうしますと、何ら情報が開示されないことは、とりあえず安全性が確保されたものと社会から受けとめられます。そうなると、発生した事故を一切公表しないことについては一種の虚偽情報の開示と受け取られる可能性は高くなります。これは企業の不祥事体質を推定させるものでして、社会的信用を著しく低下させてしまう要因になりかねません。

震災のような突発事故が発生した場合に限らず、企業が有事に直面した場合に、まず冷静に「情報を開示しないこと」の意味を投資家や消費者の目から判断することが第一に必要とされるのではないでしょうか。

4 情報開示の方法自体の問題点──東京電力の原発事故情報

情報の開示・非開示の判断として次に問題となるのが「情報開示の方法」です。二〇一一年の東日本大震災において、福島の原子力発電所が壊滅的被害を受け、放射性物質の放出という極めて深刻な事態を招きました。そしてこの一連の事故報道のなかで、東京電力社の情報開示について多くの疑問が呈されました。

東京電力福島第一原子力発電所事故の直後、同社の情報公開は錯綜していました。東電は汚染水の放射性物質（放射能）濃度などの計測データの誤報と訂正を繰り返していましたが、なかでも重要情報の公表の遅れが目立ちました。国際的な不信も招き、災害時における国際協力関係に齟齬を生じさせてしまいました。

同社の情報公開は初動から大混乱しています。地震発生翌日の二〇一一年三月一二日午後三時三六分に発電所一号機で水素爆発が発生してテレビは映像を流し続けましたが、同社が爆発を発表したのは、二時間半後の午後六時です。放射能漏れによる避難地域の拡大のおそれもある緊急事態でした。同月二四日には、作業員三人が、水から被曝《ひばく》した事故をめぐって、二六日午前の会見では、水からの放射線量が高く、危険性を予見するデータがありながら「情報が共有できていなかった」として謝罪しました。しかし同日午後には別のデータと取り違えており、そもそも危険性を予見できなかったと訂正しています。

こういった一連の情報開示の問題は、海外の政府やメディアに大きな不安を与え、東京電力社のみならず日本政府の情報隠しまで疑われることになりました。たしかに原子力事業は、政府のエネルギー政策とも関連するものであるため、事故情報をどのように開示していくかは極めて難しい判断を要求されるものです。したがって、情報開示の方法に不手際があったとしても、それをすべて東京電力社の責任とみるべきではないでしょう。ただ情報開示の方法、とりわけ開示のタイミングについて、もう少し配慮すればよかった点があったように思います。

放射性物質に汚染された水の廃棄に関する情報も同様です。東京電力社は、二〇一一年四月四日、高濃度の放射能汚染水の貯蔵先を確保するため、福島第一原発から放射性物質を含む水約一万一五〇〇トンを海に放出すると発表し、同日午後七時すぎに放水口付近で排出を開始しました。そしてその後数日間にわたって排出作業を継続しました。これに対して、韓国やロシアのメディアは、日本政府は隣国である韓国をはじめとする関係国に事前に了解を求めずに、汚染水の放出を開始したと報じています。

放出された汚染水が低濃度でも、海洋汚染に関するロンドン条約では、原則として放射性廃棄物の海洋投棄を禁止しています。これに対し日本の原子力安全保安院は、ロンドン条約は、船舶と航空機からの海洋投棄を禁止しており、陸上施設からの放出は該当しないと主張していました。条約の解釈についての議論はさておき、なぜ東京電力社や日本政府は、あらかじめ海外に対して放射能汚染水の放出について情報を開示しなかったのでしょうか。ここでは情報を開示するタイミングが問題となります。

もちろん、放出直前まで情報を開示しなかったことについて、あらかじめ情報を開示してしまえば、海外諸国から反対されるため、事前了承を必要とすることなしに放出してしまおう、といった悪意に基づく判断ではないはずです。むしろ情報開示の必要性に関する認識の欠如に起因するのではないでしょうか。

そもそも同社や日本政府は、こういった汚染水排出作業が海外諸国からどのように受けとめられるか、といった意識に乏しかったものと思われます。しかし諸外国からすれば、そのように好意的に受け止めてはくれないでしょう。日本の原発事故に対する対応は「自分勝手」なものとして強く非難されました。これでは東京電力社のみならず、日本政府の信用を著しく低下させることになります。

5 企業情報開示のタイミングとコンプライアンス

開示のタイミングが重要であることは、一般の上場会社でも同様です。たとえばある上場会社で実際に発生した問題ですが、役員の変更に関する適時開示のタイミングについて、監査法人から指摘を受けました。

その会社は、ここ数年ほど業績が不振であり、三期連続赤字だけは避けたいと考え、思い切ったリストラ策を含む中期経営計画を発表しました。

その後一週間ほど経過した後、経営を抜本的に改革するためには、創業家出身の社長のままでは株主や従業員の賛同は得られないと判断し、社長は取締役会長に、そして専務が代表取締役社長に就任することを決め、とくに他の役員の反対もなかったために取締役会決議の後、役員変更に関するリリースを出しました。また監査役も、常勤監査役については開示前の臨時経営会議で知らされましたが、社外監査役に対しては情報が開示されるまで連絡されることはありませんでした。

驚いたのは監査法人です。リリースの前日に、その会社の総務部長が監査法人に代表取締役交代の事実を連絡したのですが、担当者は慌てて会社に飛び込んできました。

「社長、いったい何が起こったのですか？」

しかし、その会社は監査法人の担当者がなぜ血相変えて会社にやってきたのか、まったくわかりませんでした。社内の誰もが創業家社長の性格を熟知しているために、「ああ、また社長の決断で役員が交代したのだな」といった印象を受けただけであり、中期経営計画発表直後に役員交代のリリースを出すことの意味が理解できませんでした。

監査実務、ディスクロージャー実務に携わっておられる皆様であればおわかりのとおり、この会社は重要な経営計画を発表した後に、経営トップが交代すれば、投資家がどのような印象を受けるのか、まったく理解していなかったのです。ひょっとするとリストラ断行に反対した役員が従業員の支持を得てクーデターを起こし、会社の経営支配構造が変わったのではないか、そうすると、先に発表された中期経営計画はとん挫してしまい、今後の業績はますます悪化するだけではないか、といった予測が生まれても何ら不思議ではありません（逆にどこかの企業との事業提携話が持ち上がっていて、業績が向上する可能性が出てきたのではないか、といった推測もできるかもしれません）。しかし、社内で社長と毎日接している役職員らにとっては、そのようなことになることは夢にも思っておらず、ここに社内と投資家との開示のタイミングの重要性に関する認識の差が生じることになります。後から考えれば、監査法人担当者が血相変えて会社に飛び込んでくる意味がわかるのですが、こういった経営計画を発表する際には、（もし経営刷新目的でのトップ交代ということであれば）同時に役員の変更も発表しなければならない、ということを誰かが気づく必要がありました。

この会社では、幸いにも株価が変動することはありませんでしたが、むしろこういった開示のタイミングに無頓着であることは、上場会社としての統制環境に大きなリスクを抱えていることになります。このようなことが重なることで監査法人の信頼を失うことになり、「不正リスクが高い企業」との認識のもとに詳細な監査手続きを求められてしまうことになるかもしれません。

6 有事の情報開示遅延の重大性（トヨタとソニーの事例から）

二〇一一年には、第４節で述べた東電の事例だけでなく、トヨタ社、ソニー社といずれも日本を代表する企業の情報開示の在り方も問題になりました。トヨタ社の場合は、ご承知のとおりアメリカにおけるリコール隠しといわれた問題です。ソニー社は、プレイステーションによるネット通信がハッカーに狙われ、七七〇〇万人にも及ぶ個人情報が流出してしまった事件です。

いずれのケースでも、企業活動が国民の生命、身体、財産の安全を破壊するおそれのある重大な情報を、早期に開示しなかったことへの批判が、とりわけ海外において高まりました。トヨタ社の場合、「製品の不具合は認められなかった」という米国政府による判定がなされたものの、情報の早期開示を怠ったことが一五パーセントほどの企業価値低下につながったとする報道もあります。またソニー社の場合も、情報漏えい（流出）は人為的ミスではなくハッカーの侵害によるものといわれていますが、それでもすでに情報開示の遅延について訴訟が起こされる、と報じられています（私個人としては、事故情報を入手して一週間、というのはそれほど開示が遅延している、というものでもないように思うのですが・・・）。

情報開示が遅れる、というのは、「正確な情報を開示したい」といった企業側の理屈があり、とくに拙速な情報開示によって国民に誤った情報を提供し、後日これを訂正することを嫌うところに起因しています。決して事実を隠したり、うやむやにしようという気持ちに起因するわけではありません。ひたすら国民の生命、身体、財産の安全を、有事においても企業がしっかり保護する、という気持ちの現れではないでしょうか。

トヨタ社のリコール事件の後、私は**広報リスクコンサルタント**の方のお話をお聞きする機会があったのですが、日本と欧米とでは「**リスクコミュニケーション**」の手法が異なるため格別の注意が必要、と教わりました。たとえばリコール対応の場合、我が国でも消費者庁の設置によって少しずつ変わってはきているのですが、日本では正確な情報を企業自身が集約してリコール対応の必要性を判断し、対応を決断した時点で情報を開示します。しかしアメリカでは、リコールの是非を企業と市民が一緒になって考えます。そもそも企業の品質管理が万能の会社などあり得ない、どんな企業でも不具合製品を出したり、ミスが発生することはある、という発想から出発するのだそうです。したがって、市民が企業と一緒になって対応を考えるための情報を速やかに提供しないことについては多くの批判が集まるわけでして、今回のトヨタ社の例でも、不具合製品を世に提供した疑いよりも、むしろ事故情報をなかなか開示しなかった会社の姿勢に多くの批判が向けられたわけです。

ソニー社の件に代表されるような情報漏えいや流出問題も同様です。情報流出の疑義が認められた時点で情報を開示し、被害状況などを含めた情報を市民から集約し、市民が自

【広報リスクコンサルタント】
有事における企業の広報の在り方を支援するもの。記者（取材する側）として活動していた方や、企業のＩＲ担当者（取材を受ける側）として活動していた方などがコンサルタントとして広く活躍している領域である。

【リスク・コミュニケーション】
社会を取り巻くリスクに関する正確な情報を、行政、専門家、企業、市民などのステークホルダーである関係主体間で共有し、相互に意思疎通を図ること。

己防衛手段を講じる支援を行うのが企業の責務と認識されており、ここでも、リコール対応と同様にアメリカ市民の自律の精神が基礎にあるようです。日本の場合、情報漏えい（流出）事件が発生しても、訴訟にまで発展するケースは少なく、お詫びの文書とともに、五〇〇円の図書カードが送られてきて満足する、といったことも聞かれるところです（もちろん、情報流出事故を原因として個人情報が悪用されたような場合には、被害者が個別に賠償請求訴訟を提起することは考えられますが）。

事故情報（不祥事情報）開示の在り方は、各国の国民性によって変わってくるのかもしれませんし、消費者保護に関する国の考え方によっても違うのかもしれません。ただいずれにしても、タイムリーな情報開示、とくに不利益情報の開示方法については、今回の東電事故に至るまで、あまりコンプライアンスの視点から議論されたことはありませんでした。東電事故は論外ですが、企業活動が国民にそれほど大きな損失を与えなかった場合であっても、不適切な情報開示により企業の社会的信用を大きく毀損してしまい、企業価値を失ってしまう可能性があることを認識すべきです。これもおそらく平時からの体制整備に関する企業努力の差が、有事に如実に現れる問題の一つです。

7 開示コンプライアンスと企業価値

企業の行動を、行政の事前規制によって詳細に規律することをしない時代になりつつあることはすでに第4章で述べたところです。コンプライアンス経営が広く重要視されるに至ったのは、この行政の事前規制に代替する手段として、各企業自身による自律的行動が世間から強く求められるようになったからです。

しかし、企業の誠実性はなかなか目に見えるものではありません。企業が国民に対して誠実な事業活動を行うことができるのかどうか、これを目に見える形にするためには、開示規制の工夫が必要になると思われます。

ただ、法律で決まっていることを情報として開示すればいい、というものではありません。そのような事務的な問題であれば担当者レベルでディスクロージャーに関するスキルを図ればよいと思います。本章で詳しく述べてきましたように、誠実な事業活動の裏付がないディスクロージャーは、開示しないこと自体が虚偽説明と指摘されることを招き、適時の開示がなされないことで社会的に強い非難を受けることを招き、さらには開示規則の裏にある原則の部分を理解していないため、海外から強い非難を受けることにつながります。こういったことが重なりますと、企業が「過去の開示違反行為に対するペナルティ」という制裁を受けるだけでなく、「消費者や国民、投資家と向き合う企業の誠実性の欠如が透けて見える」ということに発展し、企業の信用を失うことになります。規制緩和が進み、自己責任を求められる消費者、国民は、企業の開示情報から、この会社は今後相手にしてもよい会社なのか、相手にしない方がよい会社なのかを探知しようとします。これこそ開示規制手法を用いたソフトローによる事前規制の在り方なのです。企業が開示規制への対応を一つ間違えれば、将来的に信用されない企業になってしまい、その信用回復は非常に困難なことになってしまうわけです。

コーポレートガバナンスや内部統制の議論となりますと、そこには人的な資源、物的な資源の投下が求められますので、企業としても二の足を踏むところがあります。しかし行為規制ではなく開示規制であれば、企業側の対策も、若干の負担増で済みます。今後はこういった開示規制を通じて、平時における企業の対応などから、企業価値を国民にもわかりやすく評価してもらう、そういった手法がとられる機会が増えてくるものと考えています。

8 平時から情報開示の重要性について認識すべき

企業の危機対応支援の経験からしますと、私の痛感するところは「平時から十分にリスク管理をしている企業は、そのうちの五分の一程度は有事対応に役立てることができる、しかし平時に何もしていない企業が、有事になって効果的な危機対応ができるはずはない」ということです。

先に東京電力社の危機対応の問題を指摘しましたが、同社は数年前の**パンデミック対策**におけ

【パンデミック対策】
ある感染症（特に伝染病）が、顕著な感染や著しい死亡被害を招くことにより社会的混乱が生じることへの対応。

るＢＣＰ（事業継続計画）をはじめ、日本の企業におけるリスク管理という意味では第一人者として自他ともに認められた企業です。さまざまなリスク管理セミナーで、同社の体制は模範とされていました。あれだけの管理体制は同社のように人的、物的資源が豊富でなければできない、と羨望のまなざしで他社に受け入れられていたはずです。しかしその東京電力社でも、これだけ社会的評価の毀損に至るわけで、いかに平時の備えが大切かは理解できるところではないでしょうか。

なお、有事における情報開示という視点で捉えた場合に、平時から留意すべき点はまず、日本と海外でのコミュニケーションの違いが挙げられます。日本の「お詫び」の精神は海外では通用しません。日本人は、お詫びによって、とりあえず場の雰囲気を和らげ、相手の様子をうかがおうとしますが、そのような手法は海外では通用せず、まずは何が起こったのか、海外の生活者へはどのような影響が及ぶのか、海外からの支援は必要なのか、企業と国はどのような役割分担をするのか、といったまさに自国の対応を決めるべき情報を要求します。賠償や補償を求めるかどうか、といった問題は二の次です。情報を共有して、ともに善後策を考えるといった、先のトヨタリコール事件の考え方にも合致すると思います。

次に、海外においては日本の法律は通用しないが、理屈や倫理は通用するということです。オリンパス損失飛ばし事件については、まず海外のメディアが騒ぎ出し、これが日本のマスコミに飛び火しました。海外のメディアは日本の損失飛ばし、解消問題について金商法違反かどうかなどは関心がありません。関心があったのは、ひたすらオリンパスなる国際企業と反社会的勢力と

【ＢＣＰ（事業継続計画）】
災害や事故などの予期せぬ出来事の発生により、限られた経営資源で最低限の事業活動を継続、ないし目標復旧時間以内に再開できるようにするために、事前に策定される行動計画。

の癒着疑惑でした。これは自国にも飛び火する大きな問題です。だからこそ海外のメディアは「なぜ日本のマスコミは騒がないのか」と不思議に感じたのです。

この感覚は、不祥事を起こした企業が国内にとどまらず海外にも説明責任を果たすためには不可欠なものです。法律に関する詳しい説明よりも、まずは理屈としてどのような行動が株主への信頼を破壊したのか、消費者に対する背信行為となったのか、法律というよりもCSRの視点から理屈のとおった形で説明をする必要があります。これが有事対応における情報開示の重要なポイントです。

次に、細則主義にとらわれない原則主義の思想が挙げられます。第6章でリスクアプローチについて述べたところでも紹介しましたように、オリンパス事件における両監査法人間の引継ぎ問題が話題となっています。細則たる基準に沿って監査法人が対応していれば、監査基準違反が問題となることはないかもしれません。しかし引継ぎに関する監査基準が設けられた趣旨から考えれば、監査法人においても有事となる場面で、形式的に問題点を述べるだけで注意義務を尽くしたといえるかどうかは微妙なところだと思います。有事における情報開示については、平時を想定した規則をそのまま適用すれば足りるのではなく、規則の背景にある原則にまで遡って、その趣旨を斟酌する必要があります。これは情報開示の担当者のスキルと倫理観に頼ることになります。

そして最後になりますが、「企業活動の透明性」を尊重する企業風土が挙げられます。どのような有事になろうとも、会社の真実の姿を外に向かって開示することが何よりも重要です。どのようなことが社内で発生すれば適時に情報を開示しなければならないのか、有事に至った状況では冷静に考えられなくなることを肝に銘じておくべきです。

11章

日本人は原則主義がお嫌い？

（内部統制の議論は何処へ）

1 内部統制研究会

もう今から七年ほど前のことです。私のブログ「ビジネス法務の部屋」が（おかげさまで）多くの方に読まれるようになり、一度オフ会（ブログの愛読者の方々とリアルの世界で開催される懇親会）をやろうということになりまして、ブログで参加者を募りました。大阪での開催ということだったのですが、ありがたいことに二〇数名の方々にお集まりいただき、とても盛会でした。企業の実務担当者の方、役員の方、会計士、弁護士といった面子でしたが、その席で「せっかくだから、山口さんを中心にして内部統制研究会をやろう」ということで、世話人をやっていただける方も決まり、大きな研究会が発足しました。

当時は平成一七年改正会社法の内容として、内部統制に関する規定が新設される、またJ－SOX（金融商品取引法上の内部統制報告制度）が日本でも施行目前、という時期でしたので、会計や法律の世界では内部統制の議論が盛り上がっていました。

ご承知のとおり、二〇〇八年三月期よりJ－SOXが施行され、施行初年度には一〇〇社近くの上場会社が「内部統制に重要な欠陥あり」と報告、それが二〇〇九年、二〇一〇年と「重要な欠陥」を報告する会社数は激減しました。この傾向は、上場会社の内部統制のレベルが上がったことによるものだとする意見もあります。しかし最近（二〇一一年一月～二〇一二年二月）では、内部統制は有効ではない、または意見を表明しないとする企業三八社のうち、二七社については

【J-SOX】
米国の内部統制報告制度を参考にして日本版内部統制報告制度を導入したため、一般にJ-SOXといわれている。両国とも、度重なる会計不祥事への対応として導入された経緯がある。

企業不祥事が発生したことに起因して、内部統制の評価を訂正しているのが実態です。したがって、後でも少し説明しますが、決して企業の内部統制システムが向上したことが激減の要因とはいえない可能性があります。

ただ実際には上場会社数に比較して、**「重要な欠陥」（開示すべき重要な不備）**を報告する企業数が限られていることから、費用対効果という点について、経済界からＪ－ＳＯＸへの不満が強まりました。そもそも上場会社は、以前から内部統制システムを構築しているにもかかわらず、新たな評価方法を採用し、内部統制監査という新たな監査も受けなければならなくなった、わずかな問題企業を探し出すために、それ以外の多くの企業の監査コストが過剰な負担となっている、この制度は改めるべきだ、との「制度への批判の声」が聞かれます。

二〇一一年には民主党の政策を反映して、内部統制報告制度の簡素化・明確化が図られるようになり、企業の負担は軽減したかのように見えます。また企業も内部統制報告制度の実務にも慣れてきましたので、内部統制の評価、監査実務も会計監査における年中行事の一つになり、「あの内部統制報告制度の導入時の騒ぎは何だったのか」といった声さえ聞こえてきます。

このような社会的関心の推移とまったく同じ道を辿るように、先の内部統制研究会の参加者も、どんどん減っていきました。二〇〇七年ころの全盛期（？）には三〇名近い参加者だったのが、二〇一〇年初めには、もはや世話人と私を含め、合計三、四名しか集まらなくなりました。そこでやむなく同年終わり頃、研究会も事実上解散することになりました。

私のブログの歴史と、内部統制ブームとはほぼ一致します。ここ七年ほど、内部統制ブームの

【重要な欠陥（開示すべき重要な不備）】
財務報告の作成過程や開示手続きに、投資家の判断を誤らせるほどの重大な不正やミスを発生させるおそれのある不備が存在する場合のことを指す。従来は「重要な欠陥」と表現されたが、近時「開示すべき重要な不備」と改められた。

始まりから、社会的関心がやや薄れた感のある現在まで、そのブームの浮き沈みを間近で見てきました。私自身は、会社法の内部統制に関連する規定も、また金商法上の内部統制報告制度も、うまく運用すればとても良い制度であると考えています。しかしなぜ世間にウケないのか、これは素直に分析すべきでしょう。最近はブログで「内部統制モノ」のエントリーをアップしても、あまりアクセス数が伸びず、一般の方々の関心が薄れていることは数字の上からもわかります。そこで、ここではあまり難しい議論をするのではなく、なぜ法制度としての内部統制なるものが、我が国の企業文化に馴染まないのか、そのあたりを「言い尽くされたようなステレオタイプの意見」ではなく、これからの内部統制の在り方を見据えた私見として述べてみたいと思います。

2

「内部統制」の多義性

内部統制の法制化はいたるところに影響を及ぼしました。弁護士の世界では「内部統制」なる言葉はなじみが薄かったので、ブームとともにガバナンスやコンプライアンスに関心をもつ法律専門家も増えました。

会計士の世界では、昭和三〇年代から教科書に登場する用語なので、馴染みもあり、とりわけリスク・アプローチの手法が監査の主流となっていますので、まさに会計士は内部統制の伝道師的役割を果たすようになりました。企業の担当者は「内部統制が有効と評価できるレベルとはどの程度のものか」ということに関心をもち、情報収集に躍起になりました。また日本監査役協会では監査役の研修の中心テーマとなり、日本内部監査協会では、「内部統制のスペシャリスト」として、資格取得を目指す人が急増するということにもなりました。ＩＴ業界では、ＩＴ支援による内部統制システムというものがビジネスチャンスにもなりました。もちろん内部統制ブームの陰では、批判的な意見も多方面から聞かれるところでした。

このようなブームのなかで、これからは内部統制の時代となる、といった言葉がどこからでも聞こえてきたのですが、各人が自身に都合のよい、もしくは理解しやすい意味を込めて「内部統制」と呼んでいたのです。したがって各領域の垣根を越えて、いわば共通言語としての役割は果たし得ませんでした。私もブログを書き始めたころ「Ｊ−ＳＯＸは法律家と会計専門家がはじめて共通言語をもつことになり、相互の理解のうえで非常に大きな役割を担うであろう」と期待を込めていました。しかしながら、あれから七年ほど経過した現在においても、企業担当者の認識するもの、法律家の認識するもの、そして会計専門家の認識するものとはかなり大きな隔たりがあると感じています。また、監査役が理解する内部統制と内部監査人の理解するものとも、微妙に異なるところがあります。

たしかに「内部統制」の定義なるものは、

「企業活動の効率性や有効性の向上を図る、財務報告の信頼性を向上させる、法令遵守体制を図るといった目的を保証するための手法であり、会社内部のあらゆる業務に所定の手続きを定め、取締役会、経営者をはじめとして組織内のすべての構成員がそれに基づいて管理・監査を実施していくプロセス」

ということであり、どの分野でもほぼ同じ意味で理解されているものです。また内部統制の構築とは会社の業務執行のひとつである、ということについても共通認識はあります。ただ、このように定義されたとしても、どこに力点があるのか、ということになると語る方々の所属分野によって変わってきます。

それぞれの分野において内部統制の歴史が違う以上、そこに込める思いも異なります。たとえば法律家が思い浮かべる内部統制に関するイメージは「取締役の監視義務」の補完という点が中心に置かれます。会社法上、取締役会は取締役の監督機関という位置づけになっていますので、各取締役には別の取締役の職務執行に対する監視義務が取締役の善管注意義務の一つとして導かれます。この監視義務というのは、比較的小さな会社であれば、どの社員が何をしているのか、目に見える形で監視することが可能です。しかし大規模な株式会社になりますと、他の取締役がどのように職務を執行しているのか、把握することはほとんど不可能です。だからといって、それぞれの取締役が（取締役の監督を期待されている）取締役会の構成員ですから、何もしないというわけにはいきません。そこで各取締役の監視義務を補完するもの、つまり内部統制を構築し、これを運用することで、監視義務を尽くしたものと評価すべき、ということになります。法律家サイドから内部統制を眺めますと、どうしても取締役、監査役の善管注意義務との結びつきから出発することになります。

一方、会計士の方々や、内部監査人の方々の内部統制に抱くイメージは少し異なります。そこではまず経営管理の手法という意識が前面に出てくることになります。会計士や内部監査の担当者は、内部統制を規範的なものというよりも、会社のなかにある「あるがままの」無機質なものとして捉えているように感じます。色のついていない、純粋に評価対象となる内部統制、というイメージが強いのではないでしょうか。会計監査人は、監査リスクを一定水準に抑えるために、統制リスクと発見リスクのバランスを考えるわけですが、その際に、統制リスク（監査の世界では、重要な虚偽表示が、企業の内部統制によって防止または適時に発見・是正されないリスクを指します）を定量的に見積もる作業が必要となるために、どうしても無機質なものと捉えるのではないかと思います。経営管理の視点から、社内のシステムを評価したり、指導する立場にある内部監査人も同様です。こういった会計士の見方に親和性が強く、より良い経営管理の手法を求めて、現状の評価の対象として内部統制に馴染んできた歴史があるために、会計士の見方に近いものになります。逆に監査役の方々は、会社法上の機関として取締役の職務執行の適法性を監視検証しますので、やはり弁護士の理解に親和性があり、会社法上の内部統制の捉え方に近いものがあります。

こういったことから、制度としてのJ―SOXについても、それぞれの領域の見方によって誤解が生じました。何度も金融庁から誤解を解くためのガイダンスやQ＆Aが公表されたことは、ご承知のとおりです。

このように、内部統制は大きなブームになったものの、イメージするものが各分野において異なるため、なかなか相互理解を得ることが困難でした。そのうち「会社法上の内部統制と金商法上の内部統制は異質か同質か」といった議論まで出てくることになります。

それぞれ内部統制を語る人の所属領域の違いが埋まることなく、内部統制なる用語が共通の資産になり得なかったことで、現在までのところ、その社会的価値が（それぞれの領域では深化したものの）なかなか見出せないままとなっています。

3 原則主義による規制手法（横並び社会に感じる違和感）

金商法上の内部統制報告制度について、ここで詳細な説明をするわけではありません。ただ、一言でいえば企業が財務諸表を作成するにあたり、信頼性の高い報告書を作ることができるだけの内部統制が具備されているかどうか、これを企業自身が評価をして、監査人が意見を表明し、その結果を投資家に開示する制度といえます。また、内部統制システムの仕組みを詳細に開示するのではなく、評価方法の概要と評価結果、そして監査人による意見表明だけを開示します。投資家は、内部統制報告書（および監査人による内部統制監査報告書）をもって、企業が開示する有価証券報告書の内容に信頼を寄せることになります。

上場会社の内部統制に一定の信頼が寄せられる、ということですから、ある程度のレベルの有効性が保証されなければなりませんが、上場会社といっても、中小規模のところから、グループ全体で数十万人の従業員というグローバル企業まで、さまざまです。したがって、社長がある程度、社内の全体を見渡せる企業と、社長の目が届かない分、高度な経営管理の手法が要求される企業もあり、すべての上場企業が一律に従うべきシステムの評価方法を詳細に規定することは非現実的です。また企業が抱えるリスクも千差万別であり、リスクの高低を無視して一律の内部統制システム構築義務を規定することは、企業のコストとしても過大なものになってしまいます。

そこで日本の場合、企業の規模や業種、カンパニー制等の組織構造など、それぞれの企業に合った形でシステムを整える必要があるとして、システムの構築にあたっては各社の裁量に委ねられるところが多く、原則主義的な規制手法がとられることになりました。元金融庁長官の方が執筆された本のなかでも、この内部統制報告制度が**原則主義（プリンシプルベース）**による規制手法を採用したものである、と明記されています（佐藤隆文『金融行政の座標軸─平時と有事を超えて』東洋経済新報社、二〇一〇年）。

しかし、この原則主義は、日本企業の規制手法としてはなかなか定着しにくいものでした。各企業の自主性を尊重し、それぞれ工夫をして内部統制を構築してよい、と内部統制報告制度のガイダンスには書かれていますが、やはり企業の担当者としては、まず「内部統制は有効」と評価できるだけのシステムを構築することが（上司からの）至上命令です。また監査人としても、詳細な監査基準に慣れているところへ「企業の自主性を尊重せよ」といわれても、どういったレベル感があれば有効といえるのか悩むところです。担当者としては、自由にシステム構築を工夫するのがよいとしても、それでももし「内部統制は有効とする経営者の評価結果は適正ではない」といった監査人の意見が出されるような事態になりますと、自身の責任問題になってしまいます。そこで企業担当者としては、やはり横並び意識のもとで、内部統制が有効と評価されるための詳

【原則主義（プリンシプルベール）】
「原則主義」とは、おおまかな原理原則だけは決めておくが、細かい規則や数字基準は示さないものをいう。「細則主義」とは会計処理上でいろいろな局面でのルールや基準を詳細な規定であらかじめ決めておくことをいい、日本や米国の会計基準などがこれに当てはまる。

細なガイダンスや規律が設けられることを切望することになります。

また、経営者の内部統制報告書が適正に作成されているかどうか、意見表明を求められる監査人(内部統制監査人)としても、監査基準が詳細に規定されることを希望しています。監査人としても、企業担当者と協議を行う場合、恣意的な判断を回避したいという気持ちが強く、これまでの財務諸表監査の際と同じように、監査基準が詳細に明記されたほうが責任問題に発展する可能性が低くなるものと考えるところです。二〇一一年の内部統制報告制度の見直しにおいて、判断基準の明確化も図られましたが、これは企業や監査法人の制度運用面における強い要望に影響を受けたものです。

日本企業はいったん規制が新設されますと、とても従順にこれを遵守するといわれています。過剰な規制の疑いがあったとしても、自らの責任問題に発展することを回避するために、横並び意識によってルールに従います。おそらく現場の実務担当者や監査人にとっては、そのほうが気持ちとしても楽なのかもしれません。しかし、せっかく行政当局が企業の自由な発想を尊重しようとして原則主義を採用したとしても、企業や監査人のほうがこれを拒絶した結果となりますと、これは行政当局にとっては大きな誤算ではなかったかと今でも感じています。

しかも、この行政当局の誤算は、内部統制報告制度だけの問題ではなく、今後の行政規制の在り方として多方面で同様の事態が生じるのではないでしょうか。

日本企業に対する規制手法の重心が、事前規制から事後規制へと傾斜しています。コンプライアンスという視点からみれば、企業不祥事の未然防止のためには、事前規制はどうしても必要な行政の役割かと思われますが、企業活動の自由を最大限に保障するために舵を切った以上後戻りはできません。そこで行政当局がこれまで事前規制によって果たしてきた役割は、企業自身による（もしくは企業の属する業界団体による）自律的な行為規範の設定と、その遵守に期待されることになりました。企業の自律的な行為規範の設定のためには、規制の大枠を定めるだけとなり、そこに原則主義による規制手法が採用されることになります（規制の実効性は事後規制による厳罰主義と事前規制違反へのソフトローで対応することになります）。

企業には自由な事業活動が保障される代わりに、その適法性については自分で判断しなければならないわけで、これまで行政による過保護に慣れてきた企業にとっては難しい問題が突きつけられることになりました。

4 内部統制報告制度の疲労感

すでに金商法上の内部統制報告制度が施行されるようになって数年が経過しました。自社の内部統制を評価した結果として、内部統制は有効ではない、と報告する企業がかなり減っています。この結果を「各企業の内部統制システムが向上したことに起因する」と前向きに解釈することもできそうですが、二〇一一年に三二社の上場企業が不適切な会計処理を開示していた、という東京商工リサーチの調査結果をみると、どうもそういった前向きの解釈を全面的に是認することができないようです。また、オリンパスや大王製紙の事件でも象徴的にみられるように、会計不正事件が発覚した企業は、不正が発覚したことをきっかけに過去の内部統制報告書の評価結果を訂正する傾向があります。有効と評価していたことは誤りで、実は内部統制は有効とはいえませんでした、という評価結果の訂正は、一年かけて会社が内部統制システムの有効性を評価してきた過程をすべて否定することになります。そのような評価過程が簡単にひっくり返るということは、もし他の上場会社でも同様の会計不正事件が発覚した場合には、いま有効と評価されている内部統制も簡単に訂正される、ということです。つまり、日本中に潜在的に内部統制は有効とは言えない企業が存在する、ということを示しています。こう考えますと、何のために内部統制を評価して開示するのか理解困難となり、内部統制報告制度は形骸化しているのではないか、との疑いが生じます。

また、制度施行後四年も経過しますと、現場でもいろいろな制度疲労が生じています。基本的に会社側の問題点になるのですが、内部統制を実行する部門（評価の対象となる部署）および内部統制を評価する部門ともに、前年からの「変化」を非常に嫌う傾向があるように感じています。内部統制は継続的に運用してこそ効果が出てくるものである、という認識もあるのですが、企業内外の経営環境の変化（法律の新設や改正・取引形態の変更など）に応じて内部統制も変更しなければ有効に機能しなくなるケースが存在します。しかし、そのような場合であったとしても、会社はできるだけ内部統制を変更せずに対応したいという意識が感じられます。やはり、現場にとってはルールおよび業務を変更することは非常に大きな負担となりますので、気持ちはわからないでもありません。しかし、このような会社の姿勢が内部統制報告制度によくない影響を及ぼしていると感じています。実際、制度施行当初は、いわゆる**三点セット**(フロー・記述書・RCM)を作成していた会社が多いと思いますが、フローの変更を省略している会社などをしばしば見かけます。これは、現時点の評価には問題が生じませんが、担当者が代わってしまいますと、内部統制評価の適切性に大きく影響するような事象だと思います。さらに、内部統制評価部門の問題として、毎年同じ評価方法が継続して行われているということがあげられると思います。財務諸表監査では、画一的に同じ監査手法を継続して行うことは、虚偽記載を見逃すリスクが高いため、留意しなければならないと一般的に認識されています。したがって、リスクに応じて、監査手続を微妙に変更して行うなどの対応が行われています。しかし、会社の内部統制評価部門は、毎年同じ評価方法を継続して行うため、評価対象部門に「抜け道」が見抜かれてしまい、これが従業員不正などがいつまでたってもなくならない現実に表れているのではないでしょうか。内部統制監査人(実際には会計監査人)が行う内部統制監査についても、基本的に会社の評価に依拠するため、同様の問題点が存在してしまっていると思います。要するに、会社が行う内部統制評価には、異常点監査の視点が乏しいと考えています。この点、私の考える解決策は、内部統制監査について、ダイレクトレポーティングを採用するということです。会社の内部統制評価部門や内部統制責任者は、確かにその会社の内部統制の専門家であり、内部統制の整備・運用については、ある程度信頼して任せることができると思います。しかし、内部統制の評価・監査については、やはり公認会

【三点セット】

業務プロセスに係る内部統制については、その整備状況を明確にするため、文書化する必要があるとされる。文書化の方法は、法律で特に定められているわけではないが、内部統制の実施基準では、図表の利用が勧められている。具体例としては、1.業務フロー図、2.業務記述書、3.リスクコントロールマトリックス(RCM)と一般に呼ばれているもので、「内部統制の3点セット」と総称されている。

計士が専門家であるので、内部統制監査は監査人に独立的な評価を任せることが効果的なのではないかと考える次第です。企業内会計士が内部統制評価の場面において活躍してくれれば、現状の制度でもかなり有効なものとなるように思います。

5 経営学の立場からの批判に応える必要性

さらに、内部統制報告制度には、経営学の立場から厳しい批判が投げかけられています。日本の企業には、伝統的に「人による管理」というソフトな経営管理が妥当するのであって、機械的な管理手法は柔軟性を欠き、日本企業の良さをなくしてしまう、そもそもかける費用と実現される効果とのバランスがとれない、官僚主義的な組織運営を助長してしまう、といったものです。

こういった経営学からの批判には、きちんと応えられるものでなければならないと考えていますが、日本の内部統制報告制度の理解としては、アメリカのものとは大きく異なり、柔軟な運用がなされていることがあげられます。これまで述べてきたとおり、原則主義による規制手法がとられており、決して官僚主義的な組織運営が推奨されているわけでもありません。とくに二〇一一年の制度改訂は、こういった柔軟化の傾向を、ますます強めているものと解されます。

結局のところ、内部統制に関する制度を支えるのは企業自身（経営者自身といっても過言ではありません）なのですから、主人公たる企業にとって実効性のあるものでなければ困ります。もっとわかりやすい制度として実務に定着させることが今後の課題です。また企業側も内部統制報告制度の内包する規制手法に慣れるための努力が必要です。いま議論されているIFRS（国際財務報告基準）も原則主義を採用しています。この制度が日本に強制導入される時期は未定ですが、将来的にはIFRSが導入される方向にあることは間違いないわけで、それまでに原則主義的な規制の意味を理解しておく必要があります。

6 会社法上の内部統制の議論を整理する

内部統制を研究する者として、よく金商法と会社法の内部統制の議論の整理をしてほしい、との要望をお聞きします。しかし、こういった理論的整理の必要性こそ、企業担当者や会社役員の方々の理解を困難にしているように感じます。企業の裁判紛争のなかで、内部統制の構築に関連する問題が争点となれば、こういった理論的整理が必要となることは間違いありません。しかし事前規制の代替措置とみる発想からすると、企業が自律的な行動をとることで、誠実な企業経営を図る努力をしていれば、事後規制的な領域でも企業経営者は不利な状況に置かれることはない、ということを明確に示すことが最も必要なことではないかと思います。内部統制をもっと企業にとってわかりやすい経営管理手法として考えて、実務に役立てることが求められています。

法律家の周囲で、内部統制が問題とされた裁判例ということになりますと、やはり企業にとって刺激的な判決が出た事例のほうがよく紹介されます。たとえば大和銀行事件、神戸製鋼事件（ただし和解による解決事案）、ダスキン事件、日本システム技術事件（ただし最高裁で逆転判決）など、いずれも地裁、高裁の判断で役員側の内部統制構築義務が争点となり、取締役の法的責任を認めた事例です。これらの事例は、よく法律家が紹介し「こういった結果にならないためにも、御社の内部統制をしっかり見直しましょう」と結論づけます。

ところで、平成二二年に最高裁で企業役員側の法的責任が否定されて長年の裁判に決着がついたヤクルト本社株主代表訴訟についてはあまり有識者によって話題にされることがありません。この事件は平成九年頃、国税庁出身の元幹部が、プリンストン債を購入して財テクの失敗を隠ぺいした事件として有名です。元幹部自身にも厳しい刑事判決が下されたことや、別の元役員による内部告発なども話題になりました。一部の取締役の財テク失敗によって会社に多額の損失を出してしまったことに、他の役員にも内部統制構築義務違反があるとして、一般株主から代表訴訟が提起された事件です。

これほどまでに大きな事件が発生したにもかかわらず、地裁、高裁、最高裁を通じて、元幹部以外の役員の内部統制構築義務違反は裁判上ですべて否定されています（企業側にとってショッキングな判決が出た、というものではないので、おそらく話題に上ることが少なかったものと思います）。デリバティブ取引の危険性についての認識が、平成七年から九年当時の状況と現在とでは大きく異なりますので、この判決の結論が現時点でも妥当するかどうかはわかりません。しかし取締役の内部統制構築義務ということが論じられるにあたり、その責任の範囲を限定する（つまり取締役の判断の裁量を広く認める）方向で語られた判決としては、今でも参考になる事例だと思います。

このヤクルト本社事件判決を通じて、企業実務のうえで確認をしておかねばならないことがいくつか判明します（ここでは監査役会設置会社を例にとって説明します）。

まず確認すべきは、内部統制の構築とは取締役の職務執行である、ということです。つまり経営管理のための業務執行なのです。法で規定されていようがいまいが、企業が複数人の組織で成り立っている以上、内部統制システムは効率的な経営を目指すためにはどこの企業でも採用されている経営管理手法であり、何ら珍しいものではありません。ただし、この経営管理手法にだれが拘束されるのか、ということについては議論が必要です。この点は後述します。

次に企業の内部統制は誰が構築する責任があるのか、という点です。企業は内部統制の基本方針を取締役会で決定するわけです。これは一部の取締役に委任することはできません。取締役会の専決事項とされていますが、それほど重要な問題だということを認識していただきたいと思います。

そして、取締役会で基本方針が決まったら、業務執行の統括者は代表取締役ですから、包括的な内部統制の構築業務は代表取締役の職務です。この代表取締役による内部統制の構築について、その具体化を図るのは各業務執行を担当する取締役の責任で行います。

さらに、社外取締役などの非業務執行取締役や、他の業務を担当する取締役の内部統制構築義務の問題があります。企業の内部統制を取締役による職務執行の一つと捉えた場合、この社外取締役らの内部統制構築義務をどのように考えるのかは一つの問題かと思われます。果たして社外取締役等の非業務執行役員には、内部統制構築義務違反という問題は発生しないのでしょうか？整備された内部統制に従ってそのシステムを運用するケースも「構築」とするならば、社外取締役などの非業務執行役員の責任にも関係してくるものと思います。

ヤクルト本社株主代表訴訟では、これを監視義務に近いものとして構成しています（そもそも本訴訟では、原告株主らが「内部統制構築義務」を問題にする、というよりも「監視義務違反」に重点を置いたために、判決も監視義務の延長線上で検討されたのかもしれません）。取締役の監視義務というのは、すでに昭和四八年の最高裁判決でも認められているところですが、これは取締役会の監督機能から導かれるものです。前にも述べたとおり、小さな株式会社であれば、各取締役に会社の全体が把握できることから、なにか不祥事が発生した場合に、この監視義務違反を問題とすることになります。しかし大規模な上場会社などのように、連結グループ経営を行うところでは、自身の担当業務以外の業務にまで目が行き届く、というのは事実上困難です。そこで、監視義務に代わるものとして、会社が内部統制を構築し、この構築された統制システムが有効に機能していれば、他の業務外取締役は免責される、というものです。

こういった理屈からしますと、他の取締役らは、特別な事情がないかぎり、代表者や担当取締役らがまじめに業務を遂行しているものと信じてよいわけですから、監視義務違反という事態は相当に制限的なものになります。現に、ヤクルト本社事件代表訴訟控訴審判決では、「他の取締役」らの内部統制構築義務違反の有無について、担当取締役の責任判断とは別途に検討され、比較的簡単に原告株主の主張が退けられています。

［ヤクルト本社株主代表訴訟］
ヤクルト本社のデリバティブ（金融派生商品）取引による巨額損失を巡り、株主が当時の経営陣に533億円の賠償を求めた株主代表訴訟。

しかし内部統制の構築問題を、単純に取締役の監視義務の問題として取り扱うだけでよいものではありません。たしかに取締役会における監督機能の趣旨からしますと、内部統制構築義務は、監視義務を出発点として考えるのが一番素直な気がします。しかし内部統制というのは、平面的に捉えるべきものではなく、時間軸をもった経営手法のプロセス全般を示しています。そこには仕組みを整備すること、運用すること、プロセスを評価することをすべて含みます。「監視義務」といいますと、その前提として業務執行取締役の問題行為が存在するように思いますが、そのような問題行動が存在しなくても内部統制構築義務違反、という事態は社外取締役を含めた担当取締役以外の取締役にも認められるはずです。単純に監視することだけを目的とするものではありません。また、そもそも平成一七年改正会社法が内部統制の基本方針を決める権限を取締役会の専決事項とした意味は、営業の自由を最大限認める代わりに、自律的な機能を会社自身に求めたことによるものです。だからこそ法令遵守体制や損失の危険の管理、情報流通の自由性の保証、効率的経営の仕組みなど、会社の根幹に関わる内部統制システムの構築等について、取締役会でその基本方針を決議せよ、と施行規則（法務省令）で規定されているのです。

ということは、取締役会の在り方や、取締役自身の行為規範としての意味も内部統制には含まれるものと考えることができます。つまり、内部統制の構築とは経営管理手法の一つとはいっても、取締役自身も規律の対象になる、ということであり、内部統制を尊重する会社役員の姿勢にこそ、まさに内部統制が語られる意味があります。

もう一つの問題は、「もっと良いシステムを構築したいけど、今の業績からみて予算がつかない。構築したくても費用が出ないというのであれば役員の責任は発生しないのではないか」ということです。

会社法上の法的責任を考えるにあたり、取締役や監査役として、責務を果たしたいと思っても、物理的に困難、という場合には法的責任が問われないのが原則だと思われます。したがって、基本的には費用が出ない（予算が出ない）以上は役員の法的責任も認められないのではないか（任務懈怠とは言えないのではないか）と考えられます。

しかし「予算が出ない」ということで安易に免責を認めてよいものかどうかは慎重に検討することが必要です。予算が出ないということは、まったく会社にお金がない、ということではなく、優先順位が低い、ということを意味するものです。優先順位を上げてでも内部統制システムを構築しなければならない事態というものも考えられるのではないでしょうか。たとえばパロマ工業の元社長さんが給湯器の修理問題に絡み、業務上過失致死罪の有罪判決を受けましたが、製品の不適切な修理によって、ガス器具の利用者に多くの死傷者が出ていることを認識しつつも安全対策を後回しにして被害が拡大した、という点が問題となりました。国民の生命や身体、財産の安全に関わる経営管理では、たとえ管理のために多くの費用が必要であったとしても、企業としては最優先で対応しなければならないのであり、決して「予算がつかないから内部統制システムが構築できなかった」では済まされないはずです。

たとえ営業や生産、技術開発などの予算を削ってでも、安全面の対策を講じる必要がある、という事態も考えられるわけで、予算が出ないということは、取締役の内部統制構築義務違反を論じるにあたり、それだけでは免責の理由にはならないものと考えています。

8 企業社会の現状にあった制度改革を目指して

現状の金商法上の内部統制報告制度は、経営者が自社の財務報告の信頼性に係る内部統制を評価して、その有効性を報告するというものです。前にも述べましたように、これまでの数年間の運用実績をみたところ、「当社の内部統制は有効とはいえない」と報告した企業は、会計不正事件が発覚したところや、監査人から重大な不備を指摘され、（おそらく）そのまま「内部統制は有効」という評価結果を表明しようとすると、監査人として適正意見は出せない、と強硬に迫られた企業くらいではないでしょうか。つまり将来のリスクを正直に評価して、現在のところ、とくに不正が発覚しているわけでもないが「うちの会社の内部統制は有効ではない」（財務報告の信頼性に問題がありますよ）と明言する企業というものは皆無かと思われます。

たしかに経営者自身に「うちの会社は重大な虚偽表示リスクあり」と正直に告白しろといわれ

ても、そのまま告白する企業は出てこないでしょう。後日、内部統制報告書を訂正しても、いまのところ「虚偽報告を行った」として刑事もしくは民事上の制裁の対象となった例はありません。かりに民事上問題となったとしても、おそらく財務諸表の虚偽記載責任が追及されることになるものと思われます。

こういった運用であれば、後日問題が発覚したときに内部統制報告書を訂正すればよく、とりあえず内部統制は有効と開示しておけば足りるのでは、といった意識が強くなるのもやむを得ないものと考えられます（もちろんこれは本来の趣旨とは異なるわけですが）。

むしろ、現状を肯定したうえで、今の制度をどのように企業にとって効果的に運用すべきか、ということに本腰を入れて考えるべきです。財務報告の信頼性を確保するための内部統制整備に関わる問題に限定されますが、金融商品取引法上の内部統制報告制度は事前規制的手法としての実効性を考え、会社法上の内部統制は事後規制的手法としての実効性を考え、それぞれが補完関係に立つような工夫が求められます。

たとえば金融商品取引法上の内部統制報告制度については、さらに手続きの簡素化を推進すれば良いのではないでしょうか。「簡素化」というのは、自社の内部統制を評価したうえで、簡素化してもよいと判断すれば簡素化してもよい、とする制度です。

つまり手続きを簡素化できる前提として、投資家に対して「なぜ当社は簡素化できるのか」その説明を尽くすことが重要です。説明できない場合には、これまでどおり厳格な手続きを必要とする、といった運用が適切かと思われます。

また内部統制報告制度の実効性についての情報開示も求められるところです。内部統制が有効である、ということが企業経営にとってどのように効果的なのか、これも株主や投資家に説明責任を尽くす、という工夫が必要です。

そのなかで、やはり統制環境に関する経営者評価というものが、もっとも難しいのではないかと思われます（なんといっても自分で自分を評価するというのはかなりむずかしい）。そこで、会社法上の内部統制の理論をもって補完するということが考えられます。

前で述べたとおり、会社法上の内部統制とは、単純に取締役の監視義務の延長線にあるのではなく、企業の自律的行動のために構築されることが求められるものであり、取締役の行動規範たる性格をもちます。たとえば企業行動規範をどのように経営判断に実現していくか、といったことも会社法上の内部統制の問題です。とりわけ会社法施行規則に定められているような諸々の内部統制システムの基本方針が、どのように整備、運用、評価されているのか、これを金商法上の内部統制の有効性を判断するうえでの統制環境のなかで斟酌する、といったことにより、行政による事前規制的手法の代替措置として、会社法上の内部統制が機能するのではないかと考えています。

単純にマニュアルやガイダンスに従ってチェックをすれば足りる、というものでは、そもそも担当者の「やっつけ仕事」で終わってしまうでしょうし、経営者が評価するもの、という趣旨からはどんどんと離れて行ってしまいます。

もっと内部統制をダイナミックなもの、経営者判断マターに近いものと捉えることが必要です。

不正が発生してから経営者が中身を知る、というのでは遅すぎるのです。

9 原則主義と倫理問題

最後になりますが、内部統制報告制度にせよ、ＩＦＲＳ（国際財務報告基準）導入問題にせよ、原則主義を考えるにあたり問題となるのが倫理問題です。

たとえば内部統制システムを導入したとします。会社で整備されたシステムが事業の目的達成に役立つための前提は、整備されたものを運用しようとする役職員の姿勢です。つまり「決められたことは守る」という倫理観がなければまったく意味がありません。会社自身で決めたことを、決めたとおりに運用するという意識は、企業風土として培われた社員一人ひとりの職業倫理に依存するしかないわけです。

そしてもう一つの倫理問題は、制度趣旨に遡って思考する意識です。原則主義ですから、法や会計基準は大枠しか決められていません。したがって会社に解釈の余地が広く認められることになりますが、その解釈にあたっては制度趣旨に遡って趣旨に適うような解釈をしなければなりません。これも重要な倫理の役割です。

細則主義のもとでは、会社としては細かなルールに従って対応し、ルールに書いていないことについては、明確な禁止ルールがない以上は許容されているのだ、といった意識もありえたはずです。しかし原則主義のもとでは、法は何を許容し、何を禁じているかは自分で判断しなければなりません。その判断は倫理観に基づいて誠実に法の趣旨を実現する方向で判断することになります。

行政による事前規制の代替手段として、今後も企業自身による自律的行動に期待が寄せられるはずです。おそらく企業がどのように対応すべきか、その対応方法を検討し、実行するためには「社員の倫理観」もっと広げていえば「企業風土」こそ、原則主義のもとでは重要なポイントになるものと考えています。

ところで、二〇一三年二月の時点で、不正リスク対応監査基準の草案が公表され、その内容が検討されています。このような状況ですが、監査人による「無限定適正意見の質」に関する興味深い意見交換がされました。これをブログで取り上げましたが、本章の内容にも関連するものと思いましたので、ここにご紹介しておきます。

平成24年7月16日

監査報告書の「無限定適正意見」の重みとは？

本日（2012年7月17日）金融庁より、大手監査法人と同監査法人に（監査業務執行当時）在籍されていた3名の会計士の方々に懲戒処分が出されたとのこと。平成21年に経営破たんした会社の仕掛品在庫の実在性チェックに問題があったため、過大に利益が計上されていたにもかかわらず、これを見落として適正意見を出していたことが「監査人としての注意を怠った」ものと指摘されています。

そういえば経営財務の7月9日号（3072号）6頁に「監査部会を読む　無限定適正意見の質と監査報告書の改訂」と題する、とても興味深い記事が掲載されておりまして、最近の企業会計審議会監査部会での議論が紹介されています。格付け会社のチーフアナリストの方が、財務諸表を利用するときは、無限定適正意見が付されているだけでなく、どこの監査法人が監査報告書を作成しているか、ということもチェックされているそうです。また、あるシンクタンクの執行役員の方は、無限定適正意見といっても、その質には開きがあるのではないか、と述べておられます。なるほど・・・・、単純に「無限定適正意見」といっても、やはり監査の質には避けがたい差がある、ということなのでしょうか。

たしかに監査法人が不適正意見や意見不表明という監査結果を公表する、ということは、当ブログの会計専門家の方々のコメント欄のご意見をご覧いただけばおわかりのとおり、監査法人にとっては（市場からの一発退場を宣告することになりますので、債務不履行リスクなどのために）かなりためらってしまうものです。有価証券報告書の提出期限との関係で、会社側とギリギリの交渉を行い、その末になんとか適正意見が出される、というあたりがまさに現実の対応かと。したがって、上記記事で実務家の方から「監査人はレッドカードしか持っていない、イエローカードも必要ではないか」といったご意見も出てくることになります。

私自身、このご意見に基本的に賛成です。しかし監査法人が「上場廃止にはならないが、財務諸表利用者にリスクを知らせる仕組みが必要ではないか」との疑問が呈されるのであれば、これを実現する制度は、そもそも内部統制報告制度と基本的には同じ制度趣旨ではないでしょうか？　たとえばダイレクトレポーティングの制度を内部統制報告制度が採用する、ということであれば、まさにイエローカードを監査法人が示すことになるのではないか、とも疑問に思うわけですが。施行４年を経過した内部統制報告制度の運用をみますと、「開示すべき重要な不備」が期末に残っていると開示した上場会社は（2012年3月決算までの会社の合計では）10社程度。しかもその開示会社の内容をみますと、ほとんどが不適切な会計処理がらみ、ということになっています。つまり将来のリスクを投資家に示す、という機能はほとんど果たされておらず、過去の会計不正が判明したから「不備があります」と宣言するにすぎません（これでは何の意味もないような・・・・）。

もし本当に監査報告書の改訂を目指すのであれば、監査部会で指摘されているように、少しくらいは監査人がリスクを負担するような書きぶりにならざるをえないのかもしれません。そのあたり、ソフトランディングを図る、ということであれば、もう一度内部統制報告書の運用に光をあててみてはいかがでしょうか。

《著者紹介》

山口 利昭（やまぐち　としあき）

山口利昭法律事務所所長、弁護士、公認不正検査士（CFE）、

1979年　大阪府立三国丘高校卒業
1985年　大阪大学法学部法学科卒業
1990年　大阪弁護士会登録（修習42期）
同　年　竹内・井上法律事務所勤務
1995年　山口利昭法律事務所開設
2007年　同志社大学法科大学院講師（会社法演習　～2010年３月）
2008年　日弁連 業務改革委員会 企業コンプライアンスPT幹事（現任）、
　　　　大阪弁護士会業務改革委員会委員（現任）
2012年　日弁連 司法制度調査会委員 社外取締役ガイドライン検討チーム幹事（現任）
2013年　株式会社ニッセンホールディングス（東証１部）社外取締役（現任）

この間、特定非営利活動法人日本コーポレート・ガバナンス・ネットワーク会員、株式会社フレンドリー（大証２部）社外監査役、IPO企業統治システム研究会副代表（現任）、日本取締役協会内部統制WGメンバー、日本公認不正検査士協会（ACFE JAPAN）理事（現任）などを歴任。

〈主要著書〉
『企業不正防止対策ガイド（新訂版）』〔共著〕日本公認会計士協会出版局、2012年
『社外監査役の理論と実務』〔共著〕商事法務、2012年
『企業不正対応の実務Ｑ＆Ａ』〔共著〕同文館出版、2011年
『内部告発・内部通報～その光と影～』経済産業調査会、2010年
『ビジネス法務の部屋』大阪弁護士協同組合、2009年
『非常勤社外監査役の理論と実務』〔共著〕商事法務、2007年　ほか論文等多数

（検印省略）
平成25年３月30日　　初版発行　　　　　略称：法の世界

法の世界からみた「会計監査」
―弁護士と会計士のわかりあえないミゾを考える―

著　者　Ⓒ 山　口　利　昭
発行者　　 中　島　治　久

発行所　同 文 舘 出 版 株 式 会 社
東京都千代田区神田神保町１-41　　〒101-0051
営業（03）3294-1801　　編集（03）3294-1803
振替 00100-8-42935　http://www.dobunkan.co.jp

Printed in Japan 2013　　製版　一企画
印刷・製本　三美印刷

ISBN978-4-495-46461-5